환곡, 춘궁기의
식량과 세금의 사이

환곡, 춘궁기의
식량과 세금의 사이

초판 1쇄 인쇄   2024년 11월 18일
초판 1쇄 발행   2024년 12월 2일

—

기   획   한국국학진흥원
지은이   문용식
펴낸이   이방원

책임편집   조성규   **책임디자인**   박혜옥
마케팅   최성수·김 준   **경영지원**   이병은

—

펴낸곳   세창출판사
   신고번호   제1990-000013호   **주소**   03736 서울특별시 서대문구 경기대로 58 경기빌딩 602호
   전화   02-723-8660   **팩스**   02-720-4579   **이메일**   edit@sechangpub.co.kr   **홈페이지**   http://www.sechangpub.co.kr
   블로그   blog.naver.com/scpc1992   **페이스북**   fb.me/Sechangofficial   **인스타그램**   @sechang_official

—

ISBN   979-11-6684-371-6 94910
   979-11-6684-164-4   (세트)

© 한국국학진흥원 인문융합본부, 문화체육관광부

환곡, 춘궁기의
식량과 세금의 사이

문용식 지음
한국국학진흥원 기획

세창출판사

한국국학진흥원에서는 2022년부터 문화체육관광부의 지원으로 전통생활사총서 사업을 기획하였다. 매년 생활사 전문 연구진 20명을 섭외하여 총서를 간행하기로 했다. 지난해에 20종의 총서를 처음으로 선보였다. 전통시대의 생활문화를 대중에널리 알리기 위한 여정은 계속되어 올해도 20권의 총서를 발간하였다.

한국국학진흥원은 국내에서 가장 많은 약 65만 점에 이르는민간기록물을 소장하고 있는 기관이다. 대표적인 민간기록물로 일기와 고문서가 있다. 일기는 당시 사람들의 일상을 세밀하게 이해할 수 있는 생활사의 핵심 자료이고, 고문서는 당시 사람들의 경제 활동이나 공동체 운영 등 사회경제상을 이해할 수있는 자료이다.

한국의 역사는 '조선왕조실록'이나 '승정원일기'와 같이 세계적으로 자랑할 만한 국가기록물의 존재로 인해 중앙을 중심으로 이해되어 왔다. 반면 민간의 일상생활에 대한 이해나 연구는 관심을 덜 받았다. 다행히 한국국학진흥원은 일찍부터 민간에 소장되어 소실 위기에 처한 자료들을 수집하고 보존처리를 통해 관리해 왔다. 또한 이들 자료를 번역하고 연구하여 대중에 공개했다. 이러한 민간기록물을 활용하고 일반에 기여할 수 있는 방법으로 '전통시대 생활상'을 대중서로 집필하여 생생하게 재현하여 전달하고자 했다. 일반인이 쉽게 읽을 수 있는 교양학술총서를 간행한 이유이다.

총서 간행을 위해 일찍부터 생활사의 세부 주제를 발굴하는 전문가 자문회의를 개최하고, 전통시대 한국의 생활문화를 가장 잘 구현할 수 있는 핵심 키워드를 선정하였다. 전통생활사 분류는 인간의 생활을 규정하는 기본 분류인 정치, 경제, 사회, 문화로 지정하였다. 이를 기반으로 매년 각 분야에서 핵심적인 키워드를 선정하여 집필 주제를 정했다. 이번 총서의 키워드는 정치는 '과거 준비와 풍광', 경제는 '국가경제와 민생', 사회는 '소외된 사람들의 삶', 문화는 '교육과 전승'이다.

각 분야마다 5명의 집필진을 해당 어젠다의 전공자로 구성하였다. 어디서나 간단히 들고 다니며 쉽게 읽을 수 있도록 최대한 이야기체 형식으로 서술해 달라고 부탁하였다. 다양한 사례의 풍부한 제시와 전문연구자의 시각이 담겨 있어 전문성도 담보할 수 있는 것이 본 총서의 매력이다.

전문적인 서술로 대중을 만족시키기는 매우 어렵다. 원고

의뢰 이후 5월과 8월에는 각 분야의 전공자를 토론자로 초청하여 2차례의 포럼을 진행하였다. 11월에는 완성된 초고를 바탕으로 1박 2일에 걸친 대규모 학술대회를 개최하였다. 포럼과 학술대회를 바탕으로 원고의 방향과 내용을 점검하는 시간을 가졌다. 원고 수합 이후에는 각 책마다 전문가 3인의 심사의견을 받았다. 2024년에는 출판사를 선정하여 수차례의 교정과 교열을 진행했다. 책이 나오기까지 꼬박 2년의 기간이었다. 짧다면 짧은 기간이다. 그러나 2년의 응축된 시간 동안 꾸준히 검토 과정을 거쳤고, 토론과 교정을 통해 원고의 완성도를 높이기 위해 분주히 노력했다.

전통생활사총서는 국내에서 간행하는 생활사총서로는 가장 방대한 규모이다. 국내에서 전통생활사를 연구하는 학자 대부분을 포함하였다. 2023년도 한 해의 관계자만 연인원 132명에 달하는 명실공히 국내 최대 규모의 생활사 프로젝트이다.

1990년대 이후 폭발적으로 증가했던 일상생활사와 미시사 연구에 대한 학계의 관심이 근래에는 소홀해진 상황이다. 본 총서의 발간이 생활사 연구에 활력을 불어넣는 계기가 되기를 기대한다. 연구의 활성화는 연구자의 양적 증가로 이어지고, 연구의 질적 향상 또한 이끌 것이다. 그렇게 된다면 전통문화에 대한 대중들의 관심 역시 증가할 것으로 기대한다.

본 총서는 한국국학진흥원의 연구 역량을 집적하고 이를 대중에게 소개하기 위해 기획된 대표적인 사업의 하나이다. 참여한 연구자의 대다수가 전통시대 전공자이며 앞으로 수년간 지속적인 간행을 준비하고 있다. 올해에도 20명의 새로운 집필자가 각 어젠다를 중심으로 집필에 들어갔고, 내년에 또 20권의 책이 간행될 예정이다. 앞으로 계획된 총서만 100권에 달하며, 여건이 허락되는 한 지속할 예정이다.

대규모 생활사총서 사업을 지원해 준 문화체육관광부에 감사하며, 본 기획이 가능하게 된 것은 한국국학진흥원에 자료를 기탁해 준 분들 덕분이다. 다시 감사드린다. 아울러 총서 간행에 참여한 집필자, 토론자, 자문위원 등 연구자분들께도 감사 인사를 전한다. 책의 편집을 책임진 세창출판사에도 감사드린다. 이 모든 과정은 한국국학진흥원 여러 구성원의 노력이 있었기에 가능했다.

2024년 11월
한국국학진흥원 인문융합본부

1

환곡을 바라보는
시각

2024년 6월, 모 은행에서 100억 원 횡령사건이 터졌다. 이 은행은 이미 2년 전에도 700억 원의 횡령사건이 발생하여 내부 시스템 정비를 하고 은행 스스로 '자정선언'을 했지만 무용지물이 된 것이다. 이 은행뿐만이 아니라 금융권에서 횡령사건은 빈번히 발생하고 있다. 신문과 방송에서는 횡령사건이 발생했을 때, 금액이 클수록 대대적인 보도를 한다. 은행이 언론의 주목을 받는 때는 이처럼 부정적 측면이 나타날 때이다. 은행은 고객의 예금을 받아 그 돈을 자금으로 하여 대출, 어음 거래, 증권의 인수 등을 한다. 은행의 대출 업무는 많은 사람들에게 도움을 주고 있지만, 순기능을 할 때는 언론의 주목을 받지 못한다. 은행이 당연히 할 일을 했기 때문이다. 당연한 것은 뉴스가 되지 못한다. 횡령은 예나 지금이나 어느 시대에서도 일어난다.

환곡도 마찬가지이다. 조선시대의 환곡제도는 국가가 보유한 곡물을 대여하는 제도이다. 평시에는 농민들에게 상환을 전제로 운영되었다. 흉년이 들었을 때 조선 정부는 일부 굶주린 사람들에게는 환곡을 무상으로 지급하기도 했다. 환곡제도의 출발은 고구려의 진대법賑貸法에서 시작하여 고려시대의 흑창黑倉과 의창義倉으로 이어진다. 조선시대의 환곡제도가 이전 시기의 제도와 다른 점은 1894년 갑오개혁기에 폐지될 때까지 매년 시행되었다는 점이다. 우리가 조선을 바라보는 시각에는 '왜 멸망했는가?'에 대한 관심이 많다. 멸망 이후에 일본의 식민지로 전락했기 때문이다. 외국 학자의 시각에는 '조선이 500년 이상 장기 지속한 이유는 무엇인가?'에 대한 관심이 많다. 조선이 장기 지속한 이유는 여러 가지 있지만 경제적 관점에서 살펴보면 환곡제도가 농민의 생활을 보호하고 있었기 때문이다.

그러나 한국사학계에서는 환곡에 대해 부정적 인식을 강하게 가지고 있다. 1862년 임술민란의 원인이 '삼정문란'인데 그 가운데 환곡의 문란이 가장 큰 비중을 차지하고 있어서이다. 또한 정약용은 시와 『목민심서牧民心書』를 통해서 환곡의 문제점을 구체적으로 지적하고 있다. 「여름에 술을 앞에 두고(夏日對酒)」라는 시에서는 조선 후기의 혹독한 현실을 묘사하고 있다. 그

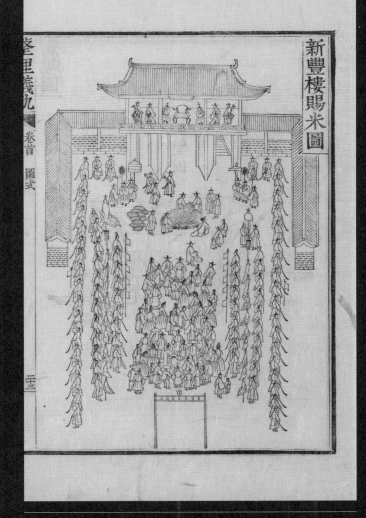

그림 1 〈신풍루 사미도〉(『원행을묘정리의궤』), 서울대학교 규장각한국학연구원 소장

정조의 어머니인 혜경궁 홍씨의 회갑연에서 쌀을 나누어주는 모습을 그린 그림

가운데 환곡에 대한 부분을 살펴보면 다음과 같다.

> 빌려주고 빌리는 건 양쪽 다 원해야지, 억지로 시행하면 불편한 것이다. / 온 땅을 돌아봐도 모두 고개를 저을 뿐, 빌리겠다는 사람은 하나도 없는데. / 봄철에 좀 먹은 쌀 한 말 받고서, 가을에 온전한 쌀 두 말을 바치고 / 게다가 좀먹은 쌀값 돈으로 내라 하니, 온전한 쌀 판 돈을 바칠 수밖에 / 이익으로 남는 것은 교활한 관리만 살을 찌워, 한 번 벼슬길에 천 마지기 논이 생기고 / 쓰라린 고초는 가난한 자에게 돌아가니, 휘두르는 채찍질에 살점이 떨어진다. / 큰 가마, 작은 솥 이미 가져간 건 말을 말게, 자식도 팔려 가고 송아지도 끌려가네.

　정약용은 위의 시에서 환곡의 강제 분급, 부실한 곡식의 지급과 정실한 곡식의 징수, 그리고 이자율은 100%, 관리의 탐욕, 환곡을 납부하지 못할 경우 솥과 송아지를 빼앗기거나 자식도 노비로 팔아야 하는 상황을 묘사하고 있다. 또한 『목민심서』에서는 향리와 지방관 그리고 감사가 환곡 운용을 통해서 부정한 방법으로 농민들을 수탈하여 이익을 얻는 상황을 구체적으로 기술하고 있다. 『목민심서』에서는 실제 발생한 사건을 사례로

든 경우도 있었기 때문에 역사학자들도 종종 인용하고 있다. 정약용이 기록한 삼정문란의 상황을 살펴보면 조선이라는 국가에서는 사람이 살 수 없을 지경이다. 환곡뿐만이 아니라 군포軍布를 가혹하게 징수하여 한 남자가 자신의 생식기를 자른 상황을 묘사한 시도 유명하다. 토지에서 세금을 징수하는 과정에서 나타나는 각종 부정 사례 등을 포함하면 조선이라는 나라는 당장 농민 반란이 일어나도 이상하지 않은 나라였다. 차라리 조선이라는 나라가 망하는 것이 좋았을 것 같다는 생각이 들기도 한다. 정약용이 제시한 사례들은 모두 조선의 역사적 사실이다. 정약용은 조선의 현실을 정확히 인식하고 지방행정 개혁을 제시하기 위해서 『목민심서』를 저술했다. 그가 제시한 극단적인 사례들이 당시 조선의 360여 개 고을에서 동시에 나타난 것은 아니었다. 일부 극단적인 사례를 들어서 제도의 개혁을 주장한 것이다.

환곡 문제를 보더라도 모든 지역에서 강제 징수와 수탈만 이루어진 것은 아니다. 정약용의 둘째 아들인 정학유丁學游는 『농가월령가』에서 '농사철에 먹을 양식이 부족하니 환곡을 꾸어 보태리라' 하고 노래하고 있다. 또한 18세기의 노비 시인으로 유명한 정초부는 '산새는 진작부터 산사람 얼굴을 알고 있건만 / 관아 호적에는 아예 들판 늙은이 이름이 빠졌구나 / 큰 창고에 쌓인 쌀을 한 톨도 나눠 갖기 어려워 / 높은 다락에 홀로 오르니 저녁밥 짓는 연기 피어오르네'라는 시를 지었다. 정초부는 굶주림을 참다못해 관아에서 환곡을 빌리려고 했으나 호적에 이름이 빠져 있어 뜻을 이루지 못했다는 내용이다.

판소리 「흥부전」에서는 가난한 흥부가 환곡을 얻기 위해 고을 이방을 찾아갔다가 고을의 부자 대신 매를 맞고 돈을 받는 일을 제안받는다. 박지원朴趾源의 한문 소설 「양반전兩班傳」에서도 문제의 출발은 환곡이었다. 정선旌善의 한 양반이 해마다 환곡을 받아먹은 것이 1천 섬에 이르렀다가 감사에게 발각되어 한꺼번에 갚게 되었다. 1천 섬의 환곡을 갚기 위해 마을의 부자에게 양반의 지위를 파는 것이 소설의 시작이다. 판소리와 소설이지만 당시의 상황을 반영하고 있다.

당시 농민들이 환곡에 많이 의지하고 있는 것을 알 수 있다. 4월이면 부족한 양식을 환곡으로 충당하는 것이 일반적인 상황이었던 것으로 보인다. 그러나 환곡을 받으려면 호적에 편성되어 있어야 했다. 호적에 편성되면 각종 세금을 납부해야 했다. 국가는 일방적으로 시혜를 베푸는 것이 아니었다. 의무를 다해야 혜택이 주어지는 것이다. 「양반전」에 등장하는 양반은 양반에게만 주는 특별한 환곡인 별환別還을 여러 해 동안 받으면서 갚지는 않았던 것으로 보인다.

정약용의 시와 『목민심서』 그리고 정학유와 정초부의 시의 내용은 모두 역사적 사실을 바탕으로 한 것이다. 동일한 시기에 환곡에 대한 부정적인 내용과 긍정적인 내용의 사례가 나온 것이다. 문헌 자료에 나타나는 환곡에 대한 기사는 부정적인 것이 대부분이다. 그러나 상당히 많은 양이 나온다. 사회경제사 자료의 상당 부분이 환곡에 대한 것이다. 부정적인 사례가 많이 나온다는 것은 그만큼 농민생활과 밀접한 관련을 맺고 있는 것이다. 조선의 360여 개 고을에서 항상 정직하고 깨끗하게 환곡 제도가 운영될 수는 없었다. 부정부패는 어느 시기에나 존재한다. 법으로 통제를 하려고 하지만 운용하는 사람들은 교묘히 법망을 피해서 부정을 저지른다. 심각한 문제가 발생하면 지방관을 파직하고, 중앙에서 관리를 파견하여 감찰하고 새로운 지방관을 파견한다. 조선시대의 환곡제도를 정확히 이해하기 위해서는 일부 지역에서 발생한 문제가 다른 지역에도 발생하는가, 얼마나 많은 지역에서 발생하는가를 파악해야 한다. 적은 사례를 일반화하는 오류를 경계해야 할 것이다. 일상적으로 순기능을 하는 환곡에 대한 기사는 많지 않다. 그런 상황은 당연한 것으로 볼 수 있을 것이다. 당연한 것은 뉴스가 되지 못하는 것과 같은 이치이다. 우리는 조선시대의 환곡 자료에서 그 이면을 보려는 노력을 해야 한다. 뉴스가 보도하지 않는 그 이면을 생각해야 하는 것처럼.

조선 초기의 환곡은 농민을 보호하려는 목적에 충실하였기에 이자 없이 원곡만을 받아들였다. 조선의 경제체제는 현물경제체제였다. 현물경제체제란 세금으로 곡식이나 포를 징수하고 이것을 비용으로 지급하는 구조인 것이다. 현물을 보관하는 과정에서 손실이 발생할 수 있는데 이에 대한 대비를 해야만 했다. 곡식을 창고에 보관하는 과정에서 쥐가 갉아먹거나 건물 밖에 쌓아 둘 때 새가 쪼아 먹으면 곡물의 양이 감소하게 된다.

또한 곡식을 담기 위하여 짚으로 엮어 만든 그릇인 섬이 성글어서 곡물이 빠져나오는 경우가 있기도 했다. 섬은 한자로 쓰면 석자石子인데, 1900년에 일본에서 가마니가 들어오기 전에는 섬을 사용해서 곡물을 보관했다. 징수할 때의 양과 지급할 때의 양이 달라질 수가 있는 것이다. 이를 보완하기 위해서 세종 때는 곡물을 징수할 때 1섬당 3되의 곡물을 추가로 징수할 수 있도록 하기도 했다.

환곡의 경우, 16세기에 들어서 환곡의 출납을 담당하는 지방관에 의해 임의로 부가 징수가 이루어지다가, 10% 이자를 징수하는 기록이 나타나고 있다. 당시에는 '이자'가 아니라 '모곡耗穀'이라는 용어를 사용했다. 보관 과정에서 쥐나 새가 훔치는 것을 대비한다는 말이지만, 실제로는 이자의 기능을 했다. 환곡에서의 10% 이자의 징수는 국가의 회계에 들지 않아서 지방관의 주요 수입원이었다.

환곡에서 10%의 이자를 징수한 행위는 16세기부터 관행적으로 시행되다가 18세기 중반에 성문화되어 법전에 수록되었다. 관행적으로 시행되었다는 의미는 지방관이 10%의 이자를 징수하는 행위를 조선 정부에서는 묵인하고 있었다는 것이다. 환곡의 이자는 국가재정의 일부는 아니었지만 이미 지방관의 부족한 용도에 보용되고 있었으므로 실제로 국가재정에서 지출되어야 할 부분을 대신 충당하고 있었던 것이다. 16세기 후반 이이李珥는, 후에 임진왜란 때 금산錦山 전투에서 순국殉國하는 조헌趙憲이 통진通津으로 발령을 받자 환곡 운영에 대해 조언을 하였다. 원곡의 10%를 징수하는 환곡 이자를 삼등분해서 관아에서 일하는 사람들의 음식비용과 임금의 명령을 받들고 오는 관료나 친구의 접대비용에 사용하고 나머지 1/3은 비축하여 두고 부족분에 대비할 것을 권하고 있다.

이처럼 환곡의 이자는 지방재정의 주요 재원으로 기능하고 있었으나, 국가재정이 부족해지자 조선 정부에서는 이를 국가 재정에 활용하려는 시도를 지속적으로 하였다. 17세기 전반에 호조 환곡 이자의 10%를 국가재정문서에 기록하였다. 환곡 이자의 10%를 국가재정에 기록했다는 말은 이제까지 지방관이 자유롭게 사용하던 환곡 이자 가운데 10%를 국가가 사용하고, 나머지 90%만을 지방관이 사용한다는 말이다.

　조선 정부는 환곡 이자의 10%를 국가재정으로 사용한 이후 점차로 그 비율을 늘려 갔다. 환곡 이자를 국가재정에 활용한 가장 중요한 시점은 1650년(효종 1)에 호조에서 관리하는 환곡의 이자 30%를 상평청常平廳에 이관한 때이다. 환곡 이자의 30%를 국가의 회계 장부에 기록한다는 것은 지방관의 입장에서는 환곡 이자 수입의 30%를 국가에 빼앗기고 70%만을 사용할 수 있게 되었다는 말이다. 또한 호조 환곡의 이자 30%를 상평청에 이관해서 이 이자 곡식으로 상평청에서도 환곡을 운영하게 되었다. 중앙 기관에서는 호조만이 환곡을 운영하고 있었는데 상평청에 호조 환곡의 이자 30%를 이관해서 이것을 바탕으로 새로운 환곡을 운영하였다. 이런 상황을 당시 사람들은 '이자가 또 다른 이자를 낳는다'는 뜻인 '모상생모耗上生耗'라고 표현했다. 이후 상평청 환곡이 안정되고 호조의 환곡이 줄어들자, 호조 환곡의 이자를 상평청에 이관하는 조처는 중지되었다.

　상평청 환곡도 10%의 이자를 징수하였고, 그 이자의 8할을 원곡에 보충하는 운영을 하였다. 지방관의 입장에서는 상평청 환곡은 호조 환곡보다도 훨씬 불리했다. 호조 환곡을 운영하면서는 이자의 90%를 사용할 수 있었지만, 상평청 환곡은 이자의

20%만을 지방관이 사용할 수 있었다.

환곡 이자를 지방관이 사용할 수 있는 기관은 중앙 기관에서 호조와 상평청·진휼청의 환곡이었다. 중앙 기관의 환곡 이외에 각 도道의 감영監營에서는 감영 환곡을 운영하고 있었다. 통제영統制營의 운영을 위해서 마련된 통영統營 환곡은 삼남 지역에 설치되었다. 이 두 기관의 환곡 이자는 모두 감영과 통제영에 각각 이전되었다. 그러므로 지방관은 감영 환곡과 통제영 환곡을 운용하면 어떤 혜택도 볼 수 없었다. 오히려 환곡을 징수를 제대로 하지 못하면 불이익을 당하곤 했다.

17세 후반부터 환곡은 증가하기 시작하여 18세기 전반을 거쳐 18세기 후반에는 1천만 섬에 이르렀다. 이렇게 증가한 환곡을 운용하는 지방관의 입장에서는 분급과 징수의 책임을 떠맡고 있지만, 환곡 운용을 통해서 이자 수익을 크게 얻을 수 없었다.

환곡 운용을 통해서 원곡의 10%를 이자로 징수했는데 지방관은 호조 환곡에서는 이자의 90%를, 상평청·진휼청 환곡에서는 이자의 20%만 확보할 수 있었다. 나머지 기관에서 운영하는 환곡에서는 한 푼의 이자 수익도 얻을 수 없었다. 지방관은 환곡 운용의 과정에서 이자를 확보할 수 없게 되자, 다른 명목으로 추가 징수를 시도했다. 곡식의 품질을 검사하고 곡식을 계량하는 과정에서 수수료 명목으로 추가 징수가 이루어지고 있었다. 환곡을 운용할 때 법정 이자 10%와 수수료를 추가 징수한 것이다. 조선 정부는 환곡 운용에서 수수료 징수를 묵인했다. 환곡 운용에서 이자를 확보할 수 없는 지방관에 대한 배려라고 볼 수도 있다.

18세기 후반에 이르러서 호조와 상평청 그리고 진휼청 환곡과는 달리 재정 충당을 위한 환곡이 증가하면서 각종 폐단이 나타났다. 상평청과 진휼청 환곡은 합쳐져서 상진청常賑廳 환곡이라고 이름을 바꾸었다. 호조와 상진청 환곡은 흉년이 들면 굶주리는 가난한 농민들에게 무상으로 지급되는 재원이었다. 또한 봄에 나누어 주었다가 흉년이 들면 징수를 연기해 주곤 했다. 이처럼 환곡의 본래 목적인 농민의 보호를 위한 진휼의 기능을 잘 수행하고 있었다. 그러나 18세기 후반에 재정적 목적으로 신설된 환곡은 이자 수익으로 기관의 재정을 확보해야 하기 때문에 흉년이 발생하더라도 가능한 한 징수의 연기를 하지 않으려고 했다.

18세기 후반에 환곡은 급증하고 있었지만 농민 보호를 위한 환곡은 감소하는 추세였고 재정적 기능을 수행하는 환곡은 증가하고 있는 상황이었다. 19세기 초반의 극심한 자연재해는 환곡 총량의 감소를 초래하였으며, 환곡의 이자를 수입원으로 삼는 각 아문의 재정을 어렵게 하였다. 이것은 진휼정책의 축소를 가져왔으며, 한편으로 조선 정부는 재정 충당을 위하여 환곡의 징수를 강화해 나갔다.

환곡 징수의 강화는 두 가지 측면에서 진행되었다. 첫째 여러 이유로 징수할 수 없는 환곡은 탕감을 해서 없애야 되는데, 탕감하지 않고 장부상의 액수만을 붙잡고 있으려고 했다. 둘째 흉년이 들어도 환곡의 징수를 연기해 주지 않으려는 방향으로 나타났다. 18세기 후반 환곡의 총량이 1천만 섬에 이르렀을 때, 대체로 10-20%는 징수하지 못하고 있었다. 체납된 환곡 가운데 환곡을 받은 사람이 사망하여 징수할 수 없게 된 것을 탕감해 주는 경우가 종종 있었다. 그러나 19세기에 들어서는 탕감을 억제하고 어떻게라도 징수하려고 했다. 이런 방식은 환곡의 폐단을 강화시키고 있었다. 또한 1840년 이후에는 전국적으로 새로 분급한 환곡은 징수 유예를 허락하지 않았다. 그해에 분급한 환곡은 흉년이 들더라도 징수한다는 조치는 결국 농민에 대한 수탈적 양상의 강화를 뜻했다. 이것은 재정기능과 진휼기능의 양면성을 가지고 있었던 조선 후기의 환곡제도가 1840년을 전후하여 진휼기능을 거의 상실하고 재정기능 위주로 운영되기에 이른 것임을 뜻한다.

조선 정부의 승인을 얻어 창고에 보유한 곡물을 추가로 분급하는 가분加分제도는 농량과 종자가 부족하다는 이유로 시행되었다. 그러나 19세기의 가분제도는 이러한 진휼의 목적이 아니라 비용 조달을 목적으로 가분을 요청하는 사례가 등장하고 있었다. 이에 따라 각 지역의 가분 액수가 고정되어 나타났다.

19세기에 들어서 환곡의 징수 강화와 징수하지 못한 환곡을 탕감하지 않는 조치로 인해 장부상에만 존재하는 환곡이 증가했다. 이와 함께 환곡 운영을 실질적으로 담당하는 지방관은 지방재정을 충당하기 위하여 환곡의 운영 과정에서 각종 명목으로 추가 징수를 하였다. 이런 환곡의 폐단은 1862년에 발생한 '임술민란'의 주요 원인이 되었다.

2

환곡을 나누어 줄 때의
모습

흉년의 구세주 환곡, 무상 분급의 재원

국가가 봄에 식량이 떨어진 농민에게 대여했다가 추수 후
에 받아들이는 곡물을 환곡還穀이라고 한다. 한자로는 '환상還上'
이라고 쓰는데 이것을 이두로 읽으면 '환자'가 된다. 또한 '조적
糶糴'이란 표현도 있는데 한자로 곡식을 사고판다는 의미이지만
조선에서는 환곡의 다른 이름으로 사용했다. 그러므로 환곡은
환자 혹은 조적으로 불렸다. 환곡 이외에 군대의 양식인 군향軍
餉도 환곡과 같은 방식으로 운영했기 때문에 환곡과 군향을 합
해서 '환향還餉'이라고 불렸는데, 조선 후기에 들어서는 환향도
환곡으로 이해하면 된다. 그래서 환곡은 '평상시에는 농민들의

양식이 되고, 흉년에는 굶주린 사람들을 구제하는 재원이 되고, 외적이 침입하면 군대의 양식이 된다'는 표현을 했다.

이처럼 환곡은 평시에는 농민들에게 종자와 식량을 대여해 주었고, 흉년이 들면 이 역할과 함께 굶주린 사람들에게 무상으로 곡물을 나누어 주기도 했다. 조선 정부는 17세기 후반부터 환곡의 수량을 증가시키고 있었는데, 그 목적은 흉년을 대비하기 위한 비축용 곡물의 확보였다. 이후 18세기 전반을 거쳐 18세기 후반에는 1천만 섬에 이르는 환곡을 만들었다. 환곡은 항상 증가하기만 한 것은 아니었다. 환곡제도가 농민을 보호하기 위해서 시작되었기 때문에 큰 흉년이 닥치면 환곡은 감소할 수밖에 없었다. 흉년이 들면 봄철에 나누어 준 환곡의 징수를 연기하고, 먹지 못해 굶주린 사람들에게는 무상으로 곡물을 나누어 주었다. 흉년이 연이어 든다면, 이전에 징수를 연기해 준 환곡을 바로 독촉해서 받아들일 수가 없었다. 또다시 징수를 연기해야만 했다. 호조에서 관리하는 환곡은 원칙적으로 절반만을 나누어 주었는데, 흉년이 들어서 징수를 유예했다면 다음 해 봄에 나누어 줄 환곡이 부족하여 창고에 남겨 둔 절반의 곡식에서 추가로 분급하게 된다. 이것을 가분加分이라고 한다. 연이어 흉년이 든다면 창고에 남아 있는 곡식은 줄어들게 되고 징수하지 못한 환곡은 늘어 간다. 흉년으로 환곡을 받은 사람이 사망한다거나, 고향을 떠나 떠돈다면 징수할 대상이 사라진다. 오래도록 징수하지 못한 환곡을 '구환舊還'이라고 하는데, 이런 환곡은 항상 존재할 수밖에 없었다. 구환은 일정한 시점에 이르러서는 탕감해야만 했다. 18세기 후반에는 징수하지 못한 환곡의 비율이 10-20%에 이른다는 기록이 있고, 종종 탕감하고 있었다.

전국적인 환곡의 액수에 대한 기록은 18세기 후반부터 나타나고 있다. 이 기록은 도道별 환곡 액수 그리고 환곡을 운영하는 각종의 기관이 도별로 운영하는 환곡의 액수 등이다. 호조와 상진청常賑廳, 비변사備邊司, 각 도의 감영·병영兵營·수영水營 그리고 삼도 수군을 관할하는 통제영統制營 등이 환곡의 운영 기관이었다. 이처럼 18세기 후반에 전국적인 환곡 문서가 등장하는 배경에는 급격히 증가하는 환곡을 관리하고 통제할 필요가 있었기 때문이다. 환곡이 항상 증가하는 것은 아니지만 18세기 후반까지는 전국적으로 증가하는 추세에 있었다. 일부 지역의 흉년으로 그곳에서는 일시적으로 감소하기도 했지만 시간이 지나면서 다시 증가하고 있었다.

전라도의 경우, 1769년(영조 45) 전라도에 있는 환곡의 총액이 75만여 섬으로 1761년(영조 37)의 기록보다 절반 정도에 불과한 수치를 나타내고 있다. 전라도의 환곡이 급격히 감소한 원인은 1762년(영조 38)의 대기근 때문이었다. 당시의 기근은 삼남 지역에 집중적으로 발생하였으며, 전라도의 피해가 가장 심하였다. 18-19세기를 통틀어 전라도에서 가장 심각한 기근의 피해를 당한 시기가 바로 이때였다. 당시에 진휼사업을 위해 전라도에 배정된 진휼재원이 40만 섬에 이르렀으며, 환곡의 분급까지 포함하면 120만 섬에 달하였다. 그러므로 전라도의 환곡 총액은 크게 감축되어 1763년에는 90만 섬에 불과하였다. 그 후에도 전라도의 진휼사업으로 환곡의 수량은 점차 감축되어 75만여 섬으로 축소되었던 것이다. 1776년(정조 즉위) 이후 전라도의 환곡 액수는 예전의 수준을 회복하였다.

큰 흉년으로 환곡이 심하게 감소하고 있다는 점에서, 환곡이 농민 보호의 역할을 제대로 수행하고 있다는 것을 알 수 있다. 대기근이 닥치면 한 지역에 비축된 곡물로는 제대로 대처할 수 없기 때문에 다른 지역에서 곡물을 옮겨 와야만 했다. 전라도의 대기근을 겪은 조선 정부는 충청도·전라도·경상도 지역에 백성들을 구제하는 창고라는 의미로 '제민창濟民倉'을 설치한다. 이들 창고는 흉년에 다른 지역으로 곡물을 이전하기 위해서 바닷가에 창고를 설치했다. 이보다 앞서 함경도에 지역 간에 서로 구제하는 창고라는 의미로 '교제창交濟倉'을 설치했다. 농민들은 자신들이 살고 있는 고을의 경계를 넘어서 바닷가의 창고까지 먼 거리를 이동하여 곡물을 운반해야 했다. 먼 지역을 오가며 환곡을 받아 가고, 납부해야만 했기 때문에 불편과 폐단을 호소하기도 했다.

조선 정부로서는 대규모 흉년을 대비한 비축 곡물의 운영에 중점을 둘 것인가, 아니면 농민의 편의를 위해서 다른 지역 이전을 위한 곡물의 비축을 포기할 것인가의 선택을 해야만 했다. 결국 남부 지역에 있는 제민창은 이름만 있고 실속은 없는 것이 되었고, 함경도의 교제창만이 유지되었다.

환곡의 수량이 증가하는 18세기에 들어서도 환곡이 많지 않은 지역에서는 환곡에 의지하는 사람이 많았다. 18세기 전반 경상도 선산善山에서 살던 노상추盧尙樞는 강을 건너려고 나루터에 갔다가 사람이 너무 많아서 돌아온 일을 기록했다. 그날은 마침 관아에서 종자와 환곡을 나누어 주는 날이었다. 7개 면面이 같은 날에 환곡을 받기 때문에 나루터에 사람과 소가 가득했다고 한다. 배가 오면 다투어 배에 올라 한 배에 탄 사람이 1백여 명이나 되었다고 한다. 배가 오가는 것이 베틀에서 오가는 북과 같았는데, 그 모양이 마치 큰일이 벌어진 상황과 같았다고 한다. 결국 노상추는 강 건너기를 포기하고 집으로 돌아올 수밖에 없었다. 노상추는 이후 진동 만호鎭東萬戶, 삭주 부사朔州府使, 가덕 첨사加德僉使 등을 지내며 각 지역에서 환곡을 운영한다.

또한 서울 인근 지역에서는 서울에 사는 사람들이 근처 고을의 환곡을 타 가는 일이 있어서, 환곡은 반드시 그 고을 사람 이외에는 절대로 내주지 말도록 했다. 서울에 사는 세력 있고 부유한 사람들은 그들의 노비가 인근 고을에서 자신의 땅에서 농사짓고 있을 때는 노비의 이름으로 환곡을 타 먹고, 이것으로 이자를 불리는 경우도 있었다.

흉년이 들었을 때는 연말에 환곡을 나누어 주기도 했다. 12월에는 환곡뿐만이 아니라 군포軍布와 전세田稅 등의 세금도 납부해야만 했다. 이 세금에는 당년도의 세금만이 아니라 이전에 밀린 세금도 포함되는 경우가 있었다. 세금의 납부로 인해 농민들 형편이 어려운데도 환곡은 다음 해 1월부터 나누어 주었다. 그러므로 연말에 특별히 창고를 열어 환곡을 나누어 주는데, 환곡이 한편으로는 백성들의 힘을 덜어 주고 한편으로는 새해를 맞이하는 음식이 되게 해 준 것이다. 이런 환곡을 세식歲食이라고 했다. 18세기 전반에 경상도 상주에 살던 한 양반은 12월 말에 환곡을 나누어 주어 농민들의 설 양식거리를 삼게 한다는 소식을 듣고는, 다른 고을은 아직도 환곡 징수가 한창인데 우리 고을은 어질게 다스리는 정치를 한다며 기뻐했다. 함경도 갑산甲山의 진동보鎭東堡에서 만호萬戶를 지낸 노상추는 12월에 환곡을 나누어 주었는데, 설음식에 쓰기 위해 모든 사람이 환곡을 받았으니 금년 농사가 흉년임을 알겠다고 했다. 노상추는 경상도 가덕진加德鎭에서도 첨사僉使를 지낼 때도 12월에 환곡을 나누어 주었다. 그는 세반歲飯이란 표현을 했는데, 세식歲食과 같은 말이다.

12월에 나누어 주던 세식歲食은 국왕의 명령으로 시행되고 있었다. 큰 흉년이 든 지역에서는 세식과 비슷하게 12월에 무상으로 곡물을 나누어 주는 제도가 있다. 급한 상황을 구제한다는 '구급救急'이란 제도이다. 크게 흉년이 든 지역에서는 1월부터 보리를 수확할 때까지 10일 간격으로 굶주린 사람들에게 무상으로 곡물을 지급했다. 1월부터 지급하므로 12월을 버티지 못할 것 같은 사람에게는 지방관이 마련한 곡물을 지급했다. 이것을 구급이라고 한다.

18세기부터 환곡의 총량이 급격히 증가하자 흉년에 가난한 사람을 구제하는 진휼정책도 변화하기 시작한다. 흉년이 들었을 때 죽이나 곡식을 주어 굶주린 사람을 구제하는 제도는 조선 전 시기에 걸쳐 시행되었다. 시대에 따라 비축 곡물의 많고 적음에 따라 1인에게 지급하는 하는 양이 통일되지 않았고, 죽만 지급하기도 했다. 17세기 후반부터 환곡이 늘어 가기 시작하자, 17세기 후반에서 18세기 초반에 통치한 숙종 때는 굶주린 사람에게 죽을 지급하다가 양식을 지급하는 것으로 규정이 바뀐다. 그리고 영조 때는 나이와 성별에 따른 지급량이 고정되어

10일에 한 번 곡물이 지급된다. 정조 때는 이런 진휼사업을 하는 보고 형식이 확정되었다.

흉년이 들면 조선 정부와 지방관은 바빠진다. 일부 환곡은 징수를 다음 해로 늦추고, 봄에 나누어 준 곡식 대신 다른 곡식으로 거두어야 했다. 흉년이 들었어도 환곡은 반드시 징수해야만 했다. 일부 징수 연기한 것을 제외하더라도 반드시 거두어야 다음 해 봄에 환곡을 분급할 수 있었다. 이와 함께 무상으로 곡물을 나누어 줄 사람들을 선발하는 일을 함께 해야 한다. 한정된 재원을 가지고 누구는 환곡 분급 대상으로 하고, 누구는 무상 분급 대상으로 선별하는 작업을 해야 한다.

환곡을 받을 사람의 명단을 정리한 것을 환호성책還戶成冊이라고 하고, 무상으로 곡물을 줄 사람의 명단을 정리한 것을 '초기성책抄飢成冊'이라고 한다. 굶주린 사람을 선발한 명단이란 뜻이다. 대체로 토지 소유를 기준으로 토지가 있으면 환곡을 받는 사람, 토지가 없고 가난하고 굶주리면 '기민飢民'으로 분류했다. 진휼사업을 시행할 때 가장 중요한 사항은 기준에 맞춰 정확하게 선발하는 것이었다. 이를 위해 가좌성책家坐成冊이란 자료를 활용했다. 가좌성책은 관내의 집터가 있는 순서를 적은 장부이다. 이 장부에 주민의 호구 수, 가옥, 전답, 가지고 있는 소와 말 등을 기록하였다. 가좌성책은 호적대장과 유사하나, 주민의 실

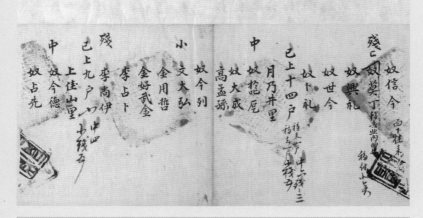

철원 동변면 환호성책, 서울대학교 규장각한국학연구원 소장

태가 그대로 반영되는 특징이 있다. 따라서 호적대장에 비하여 호구 파악에서 더 철저하고, 경제 사정을 파악하는 데에도 더 구체적이다.

한 해 농사의 풍흉은 대체로 7월 정도에는 판명이 난다. 그러므로 심한 흉년이 들 것이 예상되면 그에 대한 준비를 하게 된다. 7월부터 흉년에 대한 준비 단계로서 다음 해 1월부터 무상으로 식량을 주어야 하는 가난한 사람들의 명단을 작성하게 된다. 또 한편으로는 환곡을 주어야 할 사람도 선정해야 한다. 18세기 후반의 예산禮山에서는 그해 봄에 호적 정리를 마쳤는데, 진휼을 위해서 가좌성책을 작성해 보니 호적에 없는 부류가 475호가 넘었다. 당시 예산의 호수戶數는 1730년대에 2,799호이고(해동지도), 1759년(영조 35)에는 2,809호였다. 즉 당시 호수의 17%가 새로 나타난 것이었다. 이들은 흉년에 무상 분급을 받거나 환곡을 받기 위해서 새로이 등장한 것이다. 아니, 새롭게 등장한 사람들이라기보다는 토호와 양반 그리고 관속官屬 등의 무리가 거느리고 있던 노비奴婢들을, 우선 호적을 나누어 환곡이나 무상 구제 곡식을 받으려는 계책으로 삼은 것이다.

함경북도 지역에서는 다른 지역과 달리 인구를 계산하여 환곡을 환곡을 나누어 주고 있었다. 그러나 평년平年에는 곡식이 흔하여 백성이 환곡을 받으려고 하지 않기 때문에 매호每戶마다 인구를 번번이 한둘씩 숨기고, 동서로 유리걸식하며 신역身役을 모면하려는 자는 모두 호적戶籍에 들어 있지 않아서 인구가 많이 누락되었다. 1788년(정조 12) 함경북도에 흉년이 들어서 진휼을 위해 인구를 샅샅이 조사하자 호적에 없는 사람들이 2만 3천여 명이나 추가되었다. 이들은 평소에는 환곡을 받지 않으려고 호적에서 빠졌다가 형세가 급박해지자 자수하거나, 형제가 없는 가난한 사람들이 타향에서 유리걸식하다가 진휼한다는 소식을 듣고 돌아온 사람들이었다. 이들은 호적에 없기 때문에 당연히 환곡을 나누어 주는 문서인 '환호성책' 혹은 환안還案에도 빠져 있고, 무상으로 곡식을 줄 굶주린 사람들의 명단인 '초기성책' 혹은 진안賑案에도 빠져 있었다. 원칙적으로는 이들에게 환곡이나 무상곡을 주어서는 안 되지만, 그대로 굶어 죽게 내버려둘 수는 없었다. 결국 이들을 위해 추가로 곡식을 마련하기 위해서 이리저리 바쁘게 대책을 마련해야만 했다.

18세기 후반 예산의 지방관은 갑자기 증가한 호戶를 점검하여 빼낼 것을 지시하면서 그 기준을 제시하고 있었다. 다른 고을에서 옮겨 온 사람들은 원래 호적이 있던 곳으로 돌려보낸다. 다른 고을에 거주하면서 예산의 호적에 들어 있는 자도 뺀다. 또한 가좌성책에서 주민을 세 등급으로 분류해서 기록하도록 했다. 올해 농사에서 곡식이 여물었거나, 수공업자이거나, 장사하여 환곡을 받지 않고도 스스로 살아갈 수 있는 자를 상등上等으로 했다. 토지를 경작하는 수량을 기록하며, 환곡을 받아먹은 뒤에야 그럭저럭 살아갈 수 있는 자는 '중등中等'으로 했다. 얼굴이 누렇게 뜨고 구걸하여 조석의 끼니를 잇지 못하여 진휼賑恤하는 대상에 들지 않고서는 결코 목숨을 보전하기가 어려운 자는 '하등下等'으로 했다. 이른바 '하등'인 자는 바로 진휼해야 하는 백성, 무상으로 곡식을 나누어 주어야 하는 사람들이었다.

평상시에는 환곡 받는 것을 꺼리다가도 흉년이 들어 상황이 급박해지면 환곡을 받기 위해서 갖은 불법 행위를 통해서 환곡을 받으려고 시도했다. 도덕적 해이가 급증하고 있었다. 환곡을 받기 위해 가명假名을 지어내거나, 한집에서 함께 사는데도 억지로 호적을 나누는 경우도 있었다. 환곡을 나누어 주면 상환을 해야 하기 때문에 토지가 있는 사람에게만 환곡을 나누어 주었다. 토지가 없는 가난한 사람들에게는 큰 흉년이 닥치면 무상으로 곡물을 나누어 주었다. 그러므로 흉년을 구제하는 방안은 특별한 것이 없고 토지가 없어 빌어먹는 사람들에게는 무상으로 곡물을 나누어 주고, 토지가 있어서 환곡을 받는 사람들에게는 세금을 연기해 주거나 감면해 주는 것이 전부였다. 방법은 단순하지만 이런 정책을 시도하려면 비축 곡물이 확보되어야 했다. 세금의 감면이나 징수를 연기해 주는 것은 흉년 든 다음 해에 재원 확보에 어려움을 겪게 되게 된다. 무상으로 곡물을 나누어 주는 재원 중 가장 큰 것은 환곡이었다. 또한 부자들의 기부나 지방관이 갖가지 노력을 통해서 곡물을 마련했다.

한정된 재원으로 환곡을 나누어 주고, 무상으로 곡물을 지급하기 위해서는 엄격한 기준이 필요했다. 토지 소유를 기준으로 하지만 토지가 없더라도 친척이 있는 자, 상전上典이 있는 자, 나이가 젊어서 품삯일을 할 수 있는 자는 무상 곡물을 받을 수 없도록 했다. 늙고 허약하며 홀아비나 과부, 힘이 약한 굶주린 사람들만 무상으로 곡식을 지급했다.

환곡이 어느 정도 확보된 영조 연간 이후에는 흉년 들었을 때 무상으로 곡식을 지급하는 제도가 활발히 시행되자 환곡을 받는 사람들이 무상으로 곡식을 받고 있는 굶주린 기민飢民을 부러워하는 경우도 생겨나고 있었다. 환곡은 상환해야 하지만 기민들에게 지급하는 곡식은 상환할 필요가 없는 것이기 때문이다. 조그마한 땅이라도 소유하고 있고 흉년으로 수확이 평년의 10%에 불과한 사람들은 토지가 있고 없고를 가릴 것 없이 굶주리는 상황이 되는 것은 마찬가지였다. 그러나 이들은 수확한 곡물이 있다는 것 때문에 진휼하는 대상에 들지도 못할 뿐만 아니라 전세田稅와 대동大同 등의 세금을 납부해야만 했다. 이런 이유로 기민과 환곡을 받는 환민還民의 경계선에 있는 사람들은 기민을 부러워한 것이다.

환곡의 징수 역시 마찬가지였다. 흉년으로 환곡의 징수를 연기해 주는 경우도 있었다. 그러나 조선 정부에서 징수를 연기한 이외의 액수는 반드시 징수해야만 했다. 심한 흉년임에도 조선 정부가 환곡을 징수하는 이유는 다음 봄에 종자種子와 진휼의 재원으로 삼아야 했기 때문이다. 종자가 없으면 밭갈이를 할 수 없고 양식이 없으면 김맬 수가 없었다. 종자가 없고 양식이 없어서 밭갈고 김매는 것을 제대로 못하면 다음 해를 지탱해 나갈 수 없기 때문이었다. 흉년이 든 현재의 상황이 여유가 없더라도, 내년을 지탱하기 위해서는 환곡의 징수를 통해 비축 곡물을 확보해야만 했다.

너그러운 지방관은 농민들을 달래면서 설득하려고 했다. 환곡 납부를 미룬다고 엄히 다스려 납부를 독촉하지 않고 기한을 넉넉히 주어 힘닿는 대로 납부하도록 촉구했다. 농민들에게 땔나무를 팔거나 방아를 찧어 주고서라도 소득이 생기는 대로 납부하도록 지시했다.

일부 교활한 사람들은 10월에 환곡을 징수할 때 환곡을 내지 않기 위해 고을을 떠났다가, 환곡 징수가 끝난 12월에 되돌아오기도 했다. 또한 다른 고을에서 떠돌며 걸식하던 자들도 12월에 되돌아오곤 했다. 다음 해 1월부터 시작되는 환곡 분급과 무상 분급을 기대한 행위였다.

조선 후기의 환곡제도는 18세기에 천만 섬의 규모를 유지하면서 춘궁기에 종자와 식량을 빌려주고, 흉년에는 굶주린 사람들을 구제하는 재원의 역할을 수행하면서 조선 사회를 안정시키고 있었다. 제도의 허점을 이용한 지방관과 향리의 부정행위와 도덕적 해이에 빠진 일부 사람들의 일탈도 있었지만 19세기 초반까지는 순기능을 잘 유지하고 있었다.

농민의 절박한 현실과 운용자의 부정과 재원 확보: 가분加分의 두 얼굴

환곡의 운용 기준은 비축 곡물의 절반은 창고에 남겨 두고 절반만을 나누어 주는 방법이 원칙이었다. 이런 방식을 '반류반분半留半分'이라고 했다. 그런데 창고에 절반을 보관해 둔 곡식을 추가로 나누어 주는 것을 가분加分이라고 했다. 가분을 하게 되면 창고에 남겨 둔 절반의 곡식에서 추가로 분급했고, 추가로 분급한 곡식에서도 10%의 이자를 더 얻을 수 있게 된다. 이러한 가분은 지방관이 마음대로 하는 것이 아니다. 지방관이 그해의 기후와 농사 상황을 파악하여 이미 환곡을 나누어 주었는데도 종자와 봄철의 식량이 부족하면 다시 창고에 남아 있는 곡식을 더 나누어 줄 수 있도록 감사에게 요청하였다. 감사가 한 도道 전체의 상황을 정리해서 비변사에 보고하여 허락을 받아야 시행할 수 있었다.

이처럼 가분은 봄철에 가뭄이 들어서 모내기를 못 하고 시간이 흘러서 벼를 심지 못하여 다른 곡식을 파종해야 할 때 종자를 확보하기 위해서 시행할 때도 있었다. 메밀과 같은 곡식이 모내기 철을 지나서 대신 파종할 수 있는 대체 작물이었다. 혹은 지난가을에 흉년으로 인해 수확한 곡식이 별로 없으면 조선 정부에서는 봄에 나누어 준 환곡의 징수를 연기해 주기도 했고, 조금이라도 수확한 곡식으로 바꾸어서 환곡을 징수하기도 했다. 흉년으로 환곡의 징수를 늦추어 주면 보유한 환곡의 총량은 줄어든다. 그러므로 봄에 환곡을 나누어 주려고 할 때 평년에 비해서 나누어 줄 수 있는 환곡의 액수가 줄어들게 되는 것이다. 흉년으로 농민들이 크게 타격을 받았는데, 농사철에 줄어든 환곡을 본래의 원칙대로 보유한 곡식의 절반만을 나누어 주면 농민들은 농사는 물론이고 먹고살기가 힘들어진다. 이럴 때 창고에 남겨 둔 곡식을 더 나누어 줄 수 있도록 가분을 시행하는 것이다.

어떤 제도이든지 그것이 시작될 때는 그 당시의 문제를 해

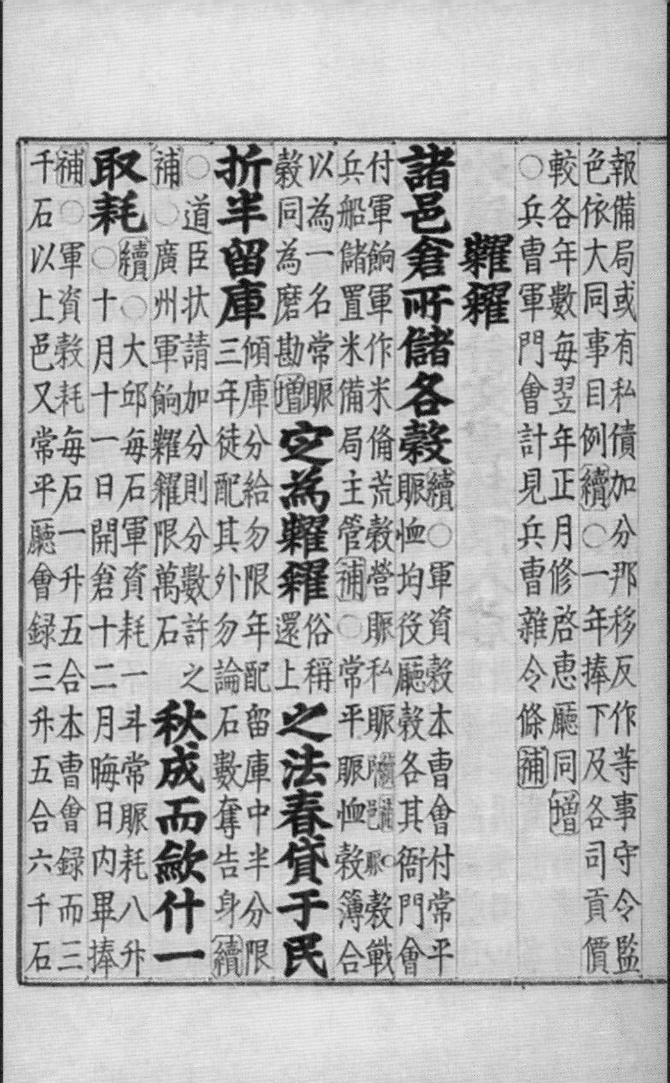

糶糴

색報依大同事目例續加　○分一年移捧反及各司貢價
○較各年軍數每翌年正月修啓惠廳同續
兵曹軍門會計見兵曹雜令條補
付船軍餉置米作米備局主管荒穀營補　○賑恤穀常平賑穀恤穀續
以穀同為一名為磨鍊三年庫徒分配其勿限年還上稱留石數中半分限
諸邑倉所儲各穀　空為糶糴　之法春貸于民　秋成而歛什一
折半留庫　○分則限萬數石許之
補道廣州大邱每石軍資耗十二月晦日內畢捧八升
取耗　○續十月十一日開倉十二月晦日內畢捧八升
千石以軍上邑穀又常平廳會錄三合本曹會錄千石三

그림 3 『전율통보』의 환곡 분급 규정, 서울대학교 규장각한국학연구원 소장

결하기 위해서 만들어지는 것이다. 가분이라는 제도가 환곡제도에서 큰 폐단으로 인식된 것은 정약용의 『목민심서』의 영향이 컸다. 정약용은 가분을 불법적인 행위로 묘사하고 있지만, 실제로는 정당한 행정 절차를 거쳐 시행되는 제도인 것이다. 정약용이 설명하는 가분은 절차를 거쳐서 시행한 '가분'이 아니다. 지방관이 중앙의 허락을 받지 않고 마음대로 창고에 있는 환곡을 추가로 나누어 주는 '천분擅分'이라든지, 안면이 있는 양반들이나 인척들에게 제멋대로 나누어 주는 '사분私分'을 설명한 것이다. 정약용이 『목민심서』를 저술한 목적은 향리와 지방관의 부정부패 행태를 고발하여 지방행정을 바로잡기 위해서였다. 정약용이 든 사례는 극단적인 사건을 제시하고 있지만, 19세기 조선의 360여 고을에서 모두 똑같은 일이 벌어지고 있는 것은 아니라는 점을 이해해야 한다.

18세기에 들어서 환곡이 급격히 증가하는 속에서도 지역 간 비축 곡물의 편차로 인하여 환곡이 적은 지역에서는 환곡의 증대를 요청하고 있었다. 특히 경기도의 경우는 환곡의 부족으로 인하여 빈번히 가분을 요청하고 있었다. 18세기 후반 경기감사는 경기도의 환곡 부족을 설명하면서 두 차례나 가분을 요청하고 있었다. 당시 경기도의 환곡은 그 액수가 매우 적었고, 열흘에 한 번씩 12차례 나누어 주고 있었다. 호구마다 매회에 나누어 주는 양이 적은 데다 3월 보름 이후로는 환곡 분급이 끊긴 고을이 많이 있어서, 농사가 한창인 때가 되었는데 백성들이 밭 갈이를 멈출 지경이 되었다고 호소하고 있다. 이미 3만 4천여 섬의 곡식을 가분했지만, 11만 6천여 호의 백성으로는 1호구에 받는 것이 불과 2-3말이어서 식량을 댈 수 없다고 했다. 몇 년 전에도 가분을 시행하고 또다시 가분을 요청한 사례가 있으니 창고에 남아 있는 곡식의 절반이나 혹은 삼분의 일을 가분해 달라고 요청했다. 조선 정부는 두 차례 가분을 허용한 전례가 많다고 하면서 경기도 각 지역의 창고의 남은 것 가운데 2만 섬을 감사가 각 고을의 완급을 헤아려 곡식이 많은 데서 적은 지역으로 보태 주어 편의에 따라 가분을 하도록 조치했다. 또한 충청도의 곡식을 경기도에 이전하도록 지시했고, 남한산성의 군향곡도 이전하도록 지시했다.

이러한 상황은 경기도에만 국한되지 않았다. 충청도의 경우에도 곡식이 여유 있는 지역은 환곡을 원하는 자는 적으나, 환곡이 부족한 8-9지역에서는 5천 섬의 가분을 요청하였다. 18세기 후반에 경상도에서는 환곡이 증가하여 폐단이 발생하였다. 또한 풍년에는 가분을 원하지 않고, 흉년에만 가분을 요청하고 있었다. 18세기 후반 환곡 총액의 증가로 인해 환곡 운영에 무리가 따르는 지역도 있었으나 빈번한 자연재해로 인하여 비축 곡물을 확보하는 일을 포기할 수는 없는 실정이었다. 또한 지역 간의 비축 곡물이 균형을 이루지 못하고 곡식이 많은 지역과 적은 지역의 편차가 있었다. 전국에서 가장 많은 환곡을 보유한 경상도에서도 환곡이 적은 지역은 가분을 요청할 수밖에 없었으며, 그 수는 8만 섬에 이르렀다.

조선 정부에서 가분을 시행하는 근본적인 목적은 농민 재생산 보호를 위한 것이었기 때문에 허락을 얻지 않고 가분을 하였다 하더라도, 그것이 농민을 위한 것이라면 처벌을 하지 않았다. 특히 6월 이후에 시행한 가분은 이자를 면제해 주는 경우가 종종 있었다. 6월에 가분을 하는 이유는 보리 흉년으로 인해 식량을 지급하기 위해서거나, 이앙을 못 하여 다른 곡물을 대신 심기 위하여 종자를 분급할 때였다. 이처럼 가분은 그 시행 시기가 농사에 기일을 다투는 시기였기 때문에 흉년이 들면 곧바로 가분을 허가하도록 지시하고 있으며, 이자를 면제하기도 하였다.

전근대 시대의 조선 사회에서는 수리시설이 발달하지 않았고 기후로 인해서 풍년과 흉년이 반복적으로 지속되었다. 풍년이 지속되지는 않았기 때문에 흉년을 대비한 곡식의 비축은 계속되어야만 했다. 또한 가뭄으로 흉년이 들면 환곡의 징수를 미루고 가난한 사람들에게는 무상으로 곡식을 지급했기 때문에, 흉년이 든 다음 해 봄에는 비축 곡물의 부족으로 가분을 시행할 수밖에 없는 상황이 반복되었다. 그런데 연이어 흉년이 들면 수확 철이 다가오는 8월에도 가분을 요청하는 경우도 있었다. 18세기 후반 전라도 남원에서는, 흉년으로 환곡을 감해서 받아들여서 다음 해 봄에 환곡 지급이 매우 부족하여 두 차례 가분을 시행하였다. 그런데 8월 초에 이르러서 밥을 짓는 집이 열에 한둘에 불과하고 농민들이 굶주림으로 피부가 누렇게 떠서 죽을 지경에 이르게 되자 아직 익지 않은 곡식을 미리 베어다가 쪄서 먹는 상황이라고 보고하고 있다. 이런 상황은 봄철에 굶주린 사람들에게 무상으로 곡식을 지급하고 환곡을 나누어 줄 때 보다도 더 다급한 상황이라며 가분을 요청하였다. 이례적으로 8월에 가분을 요청한 것이다. 그러나 전라 감사는 법에 벗어난 일이라며 가분을 허락하지 않았다.

18세기에 들어 환곡이 증가하면서 지역 간의 곡식 불균형이 발생하여 비축 곡물이 적은 지역은 가분을 시행할 수밖에 없는 상황이었다. 이에 대한 근본적인 해결책은 지역 간의 곡식 이전이었지만 이 역시 운반상의 폐단과 환곡 이자를 비용으로 사용했기 때문에 적극적으로 시행될 수 없었다. 그러므로 조선 정부에서는 환곡 총액이 증가함에 따라 분급량도 증가하였기 때문에 환곡의 절반은 창고에 두고 절반만을 나누어 주는 '분류법分留法'의 엄수를 강조하였다.

가분은 지방관이 감사에게 보고하고, 감사는 비변사에 보고하여 시행하는 제도로서, 한 도를 관할하는 감사의 역할은 중요했다. 각 고을을 다스리는 지방관들이 추가로 더 환곡을 분급해 달라는 요청을 모아서 한 도 전체의 가분 액수를 신청하는 역할을 감사가 하고 있었다. 그러나 반드시 비변사의 허락이 있어야만 했다. 지방관의 가분 요청을 감사가 허락했다고 하더라도 비변사의 허락을 받지 않은 가분은, 지방관이 마음대로 가분을 시행한 것으로 '천분擅分'에 해당되는 죄목이 된다. 물론 감사도 함께 처벌을 받게 되는 것이다.

1777년(정조 1) 평안도에서 일어난 가분 사건은 그 사례가 된다. 1777년 3월 평안 감사는 여러 지역 지방관들의 가분 요청을 모아 종자와 식량이 부족하다고 가분을 신청하였다. 비변사에서는 지난해의 농사 형편을 살펴서 심하게 흉년이 든 고을(尤甚邑), 그다음으로 피해를 입은 고을(之次邑) 그리고 조금 곡식이 여문 고을(稍實邑) 등 3등급으로 구분하여서 창고에 남아 있는 곡식을 각각 1/3, 1/4, 1/5을 더 나누어 주도록 했다. 이해 가을 정조는 평안도에 어사를 파견하여 환곡의 상황에 대해 조사하라는 지시를 내린다. 어사는 평안도 40개 고을의 지방관들이 10만여 섬의 곡식을 비변사의 허락 없이 가분했다고 보고했다. 그러나 각 지역의 지방관들이 자의적으로 가분한 것이 아니라 감영에 보고하여 '가분'한 것으로 장부에 기록되어 있었다. 감사가 이 내용을 비변사에 보고하지 않아서 적발된 것이다. 감사의 죄목은 비변사의 지시 없이 마음대로 가분을 허락한 것이다. 결국 감사는 파직罷職보다도 더 무거운 처벌을 받았다. 벼슬아치의 명부에서 그 이름을 지우는 '삭직削職'의 처벌을 받은 것이다. 40명의 지방관들은 사사로이 법을 어긴 것이 아닌 공무상의 과실로 처벌하고 놓아주었다. 이 사건에서 알 수 있는 점은 가분은 반드시 비변사의 허락 아래서 시행되어야 한다는 것이다.

이와 비슷한 사건이 다음 해인 1778년(정조 2)에 경기도에서 발생했다. 1778년 7월에 경기 감사가 9개 고을의 지방관이 멋대로 가분을 한 뒤에 감영에 알렸다고 보고했다. 국왕인 정조는 작년에 평안도에서 발생한 가분 사건으로 처벌한 일이 있었는데, 또다시 이런 일이 발생한 것에 대해 걱정하면서도 감영에 보고했다면 멋대로 가분한 것과는 다른 사건으로 이해했다. 사건의 내용은 조금 복잡했다. 작년 가을 경기도의 흉년으로 인해 벼농사가 흉작이 되자 봄에 분급한 곡식을 다른 곡식으로 대신 징수하도록 했다. 이와 함께 내년 봄에 환곡으로 나누어 주고, 가을에 본래의 곡식으로 징수하도록 했다.

쌀과 같은 정곡正穀을 콩과 같은 곡식으로 대신 징수하면 쌀은 콩의 2배의 가치를 지니므로, 만약 쌀 50섬을 콩으로 대신 징수한다면 100섬을 거두어야 한다. 이것을 봄에 모두 분급하고 가을에 쌀 50섬을 거두어들여야 하는 것이다. 이때의 문제는 쌀 대신 징수한 콩을 모두 분급한 다음에 창고에 남겨 둔 곡식을 분급할 것인가에 있다. 여주 목사 등 9개 고을의 지방관은 대신 징수한 곡식을 모두 분급하고, 또 창고에 절반이 남아 있는 곡식의 절반을 분급했다. 결국 한 고을 곡식 액수의 75%를 분급하여 절반을 창고에 남겨 두어야 하는 규정을 어기게 된 것이다. 가분을 한 지방관에 대한 처벌을 논의하는 과정에서 '가분이라 할 수 없다'는 의견도 있었지만 '고의로 가분하려 한 것은 아니다', '명목은 가분이지만 실제는 본심이 아니다'라는 의견이 다수였다. 가분은 가분이지만 제멋대로 한 가분은 아니라는 것이다. 경기 감사 또한 제때 적발하여 보고하였기에 처벌을 면하였다. 이 사건의 결말은 9개 고을의 지방관들이 환곡을 나누어 준 다음에 분급한 수량과 창고에 남은 수량을 낱낱이 보고했다는 행위에서, 그들이 행한 것이 응당 해야 하는 일인 줄로 여기고 가분이 되는 줄은 알지 못했다고 보고 비교적 관대한 처분인 공무상의 과실로 처벌하고 놓아주었다.

18세기 이후에 환곡의 총량이 크게 증가하면서 조선 정부는 환곡 운영 규정인 총 보유량의 절반만을 나누어 주고 절반은 창고에 두는 '반류반분半留半分'의 규정을 지키기 위해서 애를 쓰고 보고하지 않고 추가로 분급하는 가분을 규제하려고 노력했다. 그러나 지방재정을 보충하려고 창설된 감영 환곡 등은 보유 수량 모두를 나누어 주는 '진분盡分'의 방식으로 운영되었기 때문에 18세기 후반에 들어서는 환곡 총량과 함께 분급량도 늘어 갈 수밖에 없었다.

18세기 후반 이후의 가분은 이전과 상황이 달랐다. 무엇보다 환곡의 총액이 크게 증가했음에도 각 관아에서는 여전히 가분을 요청하였다. 이는 가분을 통해 추가로 거두어들인 이자를 지방 관아의 비용으로 사용하려 했기 때문이었다. 이렇듯 경비를 보충하기 위해 매년 동일한 액수를 가분하고 있었는데, 이 경우를 응가분應加分이라고 하였다. 풍흉이 매년 다른데도 불구하고 매년 동일한 액수를 가분한다는 것은 법 규정을 교묘히 회피하는 것이다. 원칙은 보유량의 절반만을 분급하는 것인데 매년 동일한 액수를 추가로 나누어 주어 이자를 활용하면 분급 비율이 늘어나게 되는 것이다.

19세기에 들어서도 원칙적으로 종자와 식량 부족을 해소하기 위해서 시행되던 가분은 초기에는 농민 진휼이라는 본래의 목적으로 시행되었다. 그러나 19세기 중엽에 이르면, 가분의 주목적은 농민 진휼보다는 지방 기관의 경비를 보충하기 위한 목적으로 변질되었다. 징수하지 못하고 장부상에만 존재하는 환곡의 증가로 인해 결국 가분은 중지될 수밖에 없었다.

19세기에 가분의 목적은 크게 농민 진휼을 목적으로 한 가분과 비용 충당을 목적으로 한 가분으로 구분되었다. 농민 진휼을 목적으로 한 가분은 대체로 식량과 종자의 분급 부족을 이유로 들었다. 특히 극심한 기근이 발생하였을 경우 그 여파는 바로 그해에 끝나는 것이 아니라 몇 년간 지속되었다. 자연재해로 인해 징수하지 못한 환곡의 증가는 환곡 총량의 감축을 필연적으로 동반하고 있으며 기근이 발생하는 해일수록 가분의 수가 증가하는 악순환은 계속되었다. 계속되는 미징수곡으로 인한 환곡의 감소와 이에 따른 가분곡의 증가는 결국 환곡 분류법分留法을 유지하지 못하고 보유 환곡의 전량을 분급하는 진분화盡分化의 과정을 촉진하였다.

한편 부족한 비용을 메우기 위해 가분을 요청한 사례는 1810년대 기록에서는 드물게 나타났지만 1820년대 이후에는 지속적으로 나타났다. 가분 이자의 사용처를 살펴보면 각 지방 기관이 관리하는 환곡의 이자는 대체로 해당 기관의 경비로 사용되고 있었다.

19세기 초반에 들어서 각 지역의 가분 액수가 고정되어 나타나는 현상을 보이고 있다. 황해도는 대략 1만 4천 섬, 전라도는 1만 섬, 경기도는 2-3천 섬, 충청도는 3-4천 섬 등으로 매년 동일한 액수를 가분하고 있다. 가분의 기록이 나타나지 않은 경상도와 함경도, 평안도를 제외한 전국의 지역의 가분 액수가 고정되어 나타나는 기록을 통해서 가분제의 성격이 비용 충당을 위한 목적으로 변화하는 과정을 파악할 수 있다.

이후 가분제는 일부 지역에서만 시행되는 변화를 보인다. 충청도, 황해도, 수원을 제외한 대부분의 지역에서는 환곡 가분이 거의 시행되지 않았다. 이처럼 가분이 일부 지역에서만 시행되었던 것은 환곡 총량의 감소와 관련이 있다. 19세기에 들어 전국적, 연례적으로 시행되던 가분은 환곡 총액의 감소와 문서상에만 곡식이 존재하는 허곡화虛穀化 현상 그리고 온갖 폐단으로 인해 1853년에 가분을 중지하도록 조치하였다. 즉 환곡의 점진적인 감소로 가분을 시행할 여분의 곡식조차 유지할 수 없는 상황에 이르렀던 것이다.

부족한 종자와 식량을 보충하기 위해서 실시되었던 가분제도는 환곡 총액의 감소 추세 속에서 19세기 중엽에 이르면, 가분의 주목적은 농민 진휼보다는 지방 기관의 경비를 보충할 목적으로 변화되었다. 이것은 환곡의 본래 목적인 농민 진휼의 기능이 변질되어 재정 확보를 목적으로 변화해 가는 과정이었다.

양반과 아전·하인만이 받을 수 있는 환곡, 별환別還

환곡은 풍년이 들면 농사의 양식이 되고 흉년이 들면 구호하는 밑천이 되며 변방에 근심이 있을 경우에는 병사들의 식량이 된다. 17세기 후반부터 조선의 환곡 총량은 증가하기 시작하였다. 18세기 후반에는 천만 섬으로 급격히 증가하여 지역 간의 불균형을 초래하기도 했다. 환곡의 분급은 규정에 따라 환곡 서류를 작성하여 10일에 한 번씩 12번 정도 분급하는 제도였다. 그러나 이런 통상적인 환곡의 분급 이외에 일부 양반들은 지방관이나 감사에게 환곡을 받게 해 달라는 요청을 하여 일반적인 환곡과는 다른 형식으로 환곡을 받는 경우가 있었다. 이런 환곡은 특별한 환곡 혹은 별도의 환곡이란 뜻으로 '별환別還'이라고 부른다.

본래 별환을 시행한 이유는 민인들이 뜻하지 않은 문제에 봉착했을 때 이들은 돕기 위해서였다. 가난한 집안에서 갑자기 사망자가 나와서 장례를 치러야 하는데, 장례 치를 비용이 없는 경우에는 지방관 특별히 환곡을 내어 주기도 했다. 혹은 병에 걸려서 자유롭게 출입할 수 없는 경우나, 화재와 도적의 피해를 보았을 때 환곡을 내어 주기도 했다. 환곡의 액수가 증가한 후에는 화재나 홍수 등으로 사망했을 때 재난을 당한 사람을 구제

한다는 '휼전恤典'을 상진곡常賑穀과 같은 환곡에서 내어 주었다.

특별한 환곡인 별환을 받기 위해서는 먼저 지방관이나 각 도道의 책임자인 감사에게 청원을 올려서 허락을 받아야 했다. 임진왜란 이후에는 각 도의 감영에서 감영 환곡을 운영하고 있어서 재정에 활용할 수 있었다.

장례나 재난 피해를 입은 사람들을 위해 시행된 별환은 실제 운영에서는 지방관과 긴밀한 관계를 맺고 있는 일부 양반들에게 혜택이 돌아가고 있었다. 16세기 별환의 구체적인 시행 상황은 경상도 성주星州의 이문건李文楗과 충청도 임천林川의 오희문吳希文의 사례를 통해 살펴본다.

16세기 중반에 성주에서 유배 생활을 하고있던 이문건李文楗은 별환別還을 받아서 토지를 매입하고 있다. 별환을 받기 위해서 먼저 성주 목사에게 편지를 보내서 환곡을 받고 싶다고 요청했지만 목사는 곧바로 답장을 하지 않았다. 다음 날 아침에 목사는 환곡을 줄 수 있다고 알린다. 이때 목사가 즉답을 하지 않았던 이유는, 이문건이 별환을 받는 것이 아니라 이문건에게 땅을 팔 사람에게 별환을 주도록 요청했기 때문이었다. 이문건이 별환을 받는 것과 다른 사람이 받는 것은 엄연히 다른 일이었지만, 목사는 이문건에게 별환을 주는 셈 치고 이문건이 지정한 사람들에게 별환을 주도록 조처한 것이다.

이에 이문건은 다시 편지를 보내 감사함을 나타내고, 가을에 환곡을 받아들일 때 직권으로 이문건 대신 받은 환곡을 삭감해 줄 것을 요청했다. 이어서 곧바로 땅을 팔려는 사람들에게 그들이 별환을 받을 수 있다고 알려 주었다. 별환을 받을 수 있게 되자 이문건은 성주 목사를 보좌하고 있던 성주 판관判官에게 편지를 보내서 별환은 완석完石(20말)으로 달라고 요청했다. 조선시대의 도량형은 관에서는 1섬당 15말의 평석平石을 사용하고 있었고, 민간에서는 1섬당 20말의 전석全石 혹은 완석完石을 사용하고 있었다. 관에서 사용하는 섬과 민간에서 사용하는 섬이 평석과 완석으로 차이가 있기 때문에 이문건은 개인 간의 거래를 위해서 민간에서 사용하는 완석으로 별환을 받으려고 했다.

이해 3월 26일에 땅 주인 가운데 한 사람인 김세소金世紹는 보리 3섬과 벼 5섬을 별환으로 받고 땅을 판다는 문서를 작성하여 이문건에게 보냈다. 이때의 계약은 여름에 수확하는 곡식인 보리와 가을에 수확하는 벼 두 가지였으므로, 각각 징수하는 시기가 달랐다. 음력 5월 8일 상주에서 보리 환곡의 징수가 시작되었다. 이때 상주 목사가 사람을 보내서 이문건에게 땅을 판 김세소와 권예손權禮孫이 각각 받은 보리 환곡 3섬을 장부에서 삭제했다고 알려 왔다. 작년 여름에 김세소와 권예손은 보리를 나누어 줄 때 각각 보리 3섬씩을 받았는데, 이 기록을 삭제했다는 것이다. 이후 겨울이 되어서 가을에 추수한 곡식을 징수할 시기인 11월에 이문건은 목사에게 편지를 보내 3월에 자신에게 별환을 준다고 했던 일을 상기시켜서, 김세소가 벼 환곡 5섬을 납부하지 않도록 조처했다.

이문건에게 땅을 판 김세소와 권예손은 지속적으로 이문건과 관계를 유지하면서 여러 부탁을 하고 있었다. 목사에게 알려서 쌀 환곡을 받게 해 달라고 하거나, 다른 지역의 지방관에게 편지를 써서 환곡을 받을 수 있도록 해 달라고 부탁했다. 혹은 콩이 귀할 때는 환곡으로 받은 콩 대신 거친 벼로 대신 납부할 수 있도록 요청했다. 또한 별환을 받을 수 있도록 부탁하기도 했다. 이문건은 이런 요구를 들어주기도 했고 거절하기도 했다. 특히 별환에 대해서는 거절했는데, 다른 양반들도 이문건에게 부탁하여 별환을 받으려는 경우가 많이 있었기 때문이었다.

이처럼 별환은 지방관과 신청자의 관계가 중요하게 작용하는 것이다. 당시 이문건은 성주 목사의 아버지와 잘 아는 사이였기 때문에, 환곡을 나누어 줄 때도 아닌 8월 말에도 목사가 쌀 1섬을 보내며 그의 아버지가 지시했다고 알리고 있다. 또한 6월에 여름 곡식을 나누어 줄 때도 성주 목사는 창고 담당자에게 시켜 이문건에게 메밀 환곡 10말을 주도록 했는데, 이것은 목사가 특별히 주는 것이므로 환곡 장부에 기록하지 않았다. 이 외에도 이문건이 종자 콩을 주기를 청하면 목사는 내어 주는 문건을 주면서 장부에 적지 않고 주는 것이라고 말하여, 가을에 납부하지 않아도 된다는 뜻을 알렸다.

16세기 후반 임진왜란이 일어났을 때 가족을 데리고 피난하면서 기록을 남긴 오희문吳希文을 통해 16세기 후반의 별환을 살펴본다. 임천으로 피난한 오희문은 주로 단자單子를 올려서 환곡을 받고 있었다. 그 이유는 오희문이 임천 지역에 대대로 사는 토박이가 아니었고, 호적에 올라 있지 않기 때문일 것이다. 17세기 전반까지도 환곡의 분급은 법적으로 고을 단위로 분급한다는 규정은 없었으나 흉년 등과 같이 특별한 경우가 아니면 고을 안의 민인들에게만 분급하고 있었다. 또한 18세기 후반에는 호적戶籍에 들어 있어야 환곡을 받을 수 있었으나 양반의 경우 소장을 올려 별도의 곡식을 청하거나 다른 고을 사대부가 개인적으로 부탁하여 감영에 소장을 올려서 감영 환곡을 요청하는 경우도 있었다.

17-18세기와는 달리 16세기 후반의 오희문은 임천에 살면서 호적에 올라 있지는 않았지만 환곡을 받고 있었고, 강원도 평강에서 생활할 때는 철원과 이천伊川에서 환곡을 받은 적이 있었다. 이는 오희문이 양반이었고, 그의 아들이 벼슬을 하고

있었던 덕택이었다.

1593년(선조 26) 6월에 임천으로 이주한 오희문은 임천의 환곡을 받으려고 노력하는데 환곡 행정을 파악하지 못하여 애를 먹고 있었다. 군수를 만나서 환곡을 받고 싶다고 청해도 허락하지 않아서, 지인知人에게 부탁하여 충청도 관찰사에게 편지를 보내 임천군의 환곡을 받을 수 있도록 해 달라고 하기까지 했다. 그러나 군수가 교체된 뒤에는 상황이 달라진다. 새로 부임한 군수가 오희문의 아내와 6촌으로 군수의 아내와 오희문의 아내는 매우 돈독한 사이였다. 이때는 환곡을 힘들이지 않고 쉽게 받을 수 있었다. 또한 친분이 있는 사람이 지방관으로 부임했을 때도 쉽게 환곡을 받았다. 오희문에게 도움을 주는 사람들은 그와 그의 아들의 인척이거나 친지들이었거나 오희문과 연고가 있는 인물이었다. 이런 관계는 오희문이 객지인 임천에서 살아가는 데 도움이 되었다.

18세기에 별환을 받은 양반들은 제대로 납부하지 않아서 폐단이 되었지만, 16세기 후반의 오희문은 받은 환곡의 원곡만은 갚고 있었다. 비록 한 번에 납부하지 못하고 분할 납부를 하고 있었지만 반드시 상환하였다. 또한 원곡을 갚기 전에 먼저 이자를 납부하여 성의를 보이기도 하였다. 그러나 점차 이자를 납부하지 않으려 하였고, 지방관에게 부탁하여 이자를 면제받고 있었다. 지방관의 입장에서는 불법적으로 이자를 면제해 주는 것은 아니었다. 앞서 설명한 것처럼 16세기에 환곡의 이자는 지방관이 자유롭게 활용한 수 있는 지방재원이었다. 그러므로 지방관은 원곡을 징수하면 자의로 이자를 면제할 수도 있었을 것이며, 환곡의 이자로 친분이 있는 양반에게 대여한 환곡을 대신 납부하고, 장부에서 지울 수도 있었다. 호조에서는 환곡의 원곡만을 검사하고 이자에 대해서는 관여하지 않기에 가능한 일이었다.

16세기에 충청도 임천의 오희문과 경상도 성주의 이문건의 사례에서 보듯이 지방관과 지역에 거주하는 양반이 친밀한 관계를 맺고 있을 때 별환은 쉽게 받을 수 있었다. 또한 별환으로 개인의 재산을 늘리기도 하였다. 더구나 가을에 환곡을 받아들일 때가 되면 받아먹은 환곡의 기록을 삭제해 달라고 요구하고 있다. 16세기 중반까지는 환곡의 이자를 지방관이 모두 사용할 수 있었기 때문에 가능한 일이었다. 환곡 이자를 지방관이 모두 사용할 때는 환곡을 걷지 못한 것을 보충하고, 지방재정으로 사용하고 그리고 가족과 친구들의 접대비용으로 사용하고 있다.

모든 양반이 별환을 받을 수 있는 것이 아니었다. 지방관과 안면이 있다거나 가족과 관련이, 혹은 관직 생활에서 맺은 인연이 있어야 쉽게 별환을 받을 수 있었다. 한편으로 지방관은 통상적인 환곡 징수에 있어서는 매우 민감했다. 환곡 징수를 제대로 못하면 관직에서 쫓겨날 염려가 있어서 환곡을 징수할 때는 양반이라고 해서 봐주는 일이 없었다. 환곡을 납부하지 못한 사람들을 옥에 가두었는데, 양반도 옥에 많이 갇혔으니 쌍놈은 말할 것도 없다는 탄식이 나올 정도였다. 또한 흉년이 들어 환곡 징수가 어렵다고 예상될 때, 지방관은 징수에 치중하여 환곡을 납부하지 못한 자에게 곧바로 매질을 심하게 하는 경우도 있었다.

임진왜란 이후에는 지방에 있는 각 감영과 군영軍營에서도 환곡을 운용하게 되었다. 임진왜란 이전에는 호조에서 운용하는 환곡만 있었는데, 이것이 변화했다. 그러나 호조에서 운영하는 환곡만을 국가의 곡식이라는 '국곡國穀'으로 파악하고 있었고, 지방에서 운영하는 곡식은 별도의 장부에 기록하는 곡식이라는 의미에서 '별회別會'라고 불렀다. 이런 지방 환곡은 조선 정부에서 별다른 조치를 취하지 않다가 17세기 후반 이후 환곡이 증가함에 따라 18세기에 들어서는 비변사에서 통제하려 하였다.

이처럼 감영 환곡은 명목상으로는 비변사에서 관리하는 형식을 취하고 있었으나 실제로는 감영에서 모두 분급하여 그 이자로 재정에 보충하고 있었기 때문에 그 수는 점차 증가하여 문제가 발생하고 있었다. 이러한 지방 환곡은 자체적으로 마련한 것이었기 때문에 감사가 비교적 자유롭게 사용할 수 있었던 것으로 보인다.

앞서 언급했듯이 법규정상으로 환곡의 분급은 각 고을 단위로 분급한다는 규정은 없으나 흉년 등과 같은 특별한 경우가 아니면 고을 안의 민인들에게만 분급하고 있었다. 그러나 감영 환곡은 감사가 자체적으로 마련한 곡물이었기 때문에 다른 지역의 사대부들에게 진휼의 명목으로 분급하는 것을 당연하게 여기고 있었으며, 그 액수는 백여 섬에 이르기까지 하였다. 후에 노론老論의 우두머리가 되는 송시열宋時烈도 이런 별환을 받고 제때 갚았는데 조금도 부끄러워하지 않았다고 한다.

　또한 양반사대부들은 지방관과의 친분 관계를 통해 환곡을 받고 지역적인 곡가의 시세차이를 이용하여 가을에 원곡을 갚고 나머지는 개인의 수입으로 하였다. 또한 장례 비용을 명목으로 환곡을 받기도 하였다. 이런 환곡을 별환이라고 하는데 조선 정부에서는 지속적으로 금령을 내리고 있지만 근절되지 않아 많은 폐단을 야기하고 있었다. 경기도의 경우는 남한산성 곡물과 강화도 곡물이 주로 별환으로 지급되었고 충청도에서도 별환의 폐단이 야기되었다. 이들 지역은 양반사대부가 많이 거주하고 있는 지역으로 신분적 특권을 이용해 환곡을 손쉽게 받아 이익을 취하고 있었다. 이러한 별환은 제대로 징수되지 않아 장부상으로만 남아 있기도 했다. 이런 별환은 지방관이 불법적으로 추가로 나누어 주고 이자 수익을 취하는 '천분擅分'과 개인적인 친분 관계를 빌미로 사사로이 환곡을 나누어 주는 '사분私分'으로 이어져 많은 폐단을 초래하고 있었다.

　별환을 나누어 준 이유는 어디에도 호소할 데가 없이 곤궁하게 홀로 살아가는 자들이나 장례를 치를 여유가 없는 가난한 사람들을 위해서였지만, 지방관과 밀접한 관련을 맺은 양반들이 주로 그 혜택을 받고 있었다. 세력 없고 빈곤한 사람들을 위해서 시행한 별환을 갚지 못하는 경우가 종종 발생하고 있었다.

조선 정부에서는 이들을 구제하기 위해서 환곡을 거두어들일 때 이런 별환 등을 탕감해 주기도 했고, 별환을 나누어 줄 때 이를 걷지 않는다고 선포하기도 했다. 이런 별환의 특성을 이용해서 별환을 받은 양반들은 가능한 한 환곡의 납부를 미루며, 조선 정부에서 탕감의 지시가 내려오기를 기다리고 있었다. 조선 정부에서 환곡 탕감의 명령이 내려오면 지방관은 유력 양반들의 별환을 우선적으로 탕감하여 양반들에게서 명예를 얻기도 했다. 양반들은 별환으로 받은 곡물을 제때 납부하지 않고, 지방관도 제대로 징수하지 않아서 별환으로 인해 장부상에만 존재하는 곡식이 증가하자 조선 정부는 18세기 후반부터 별환을 금지한다는 명령을 내려보내고 어사를 파견하여 별환에 대한 감시를 하기도 했다. 별환의 금지 지시를 성실히 이행한 지방관은 지방의 유력 양반들과 관속官屬들의 노여움을 받거나 원망을 듣기도 했다. 심하면 이들은 지방관을 비방하고 헐뜯어서 어사에게 거짓 정보를 주기도 했다.

별환으로 인해 어사에 적발된 한 지방관은 다음과 같이 변명했다. 관아에서 일하는 관노官奴의 형편이 너무도 궁핍하여 곡식을 횡령하고 도망쳐서 지탱할 수 없는 지경에 이르러서 이들에게 약간의 곡식을 별환으로 지급했고, 이 곡식은 자신이 마련해서 채워 넣었다고 진술했다. 이런 행위는 어사의 감찰에 적발되었기 때문에 잘못된 전례前例를 답습했다고 진술하고 있지만, 관행적으로 시행되고 있음을 알 수 있다. 감영이나 지방 관아에서 일하는 아전과 하인들은 본래 빈천한데 또 흉년을 만나면 더욱 의지할 곳이 없어서 이들을 보호하기 위해 별환을 분급하고 있다는 변명이다.

또 다른 사례는 지방관이 담당하는 지역과 그의 본가本家가 너무 가까워 관아의 하인들을 심부름시키는 일이 많아 고생한다고 생각하고 그들에게 별환을 많이 준 것이 적발된 사례가 있다. 이 경우 별환은 자의적으로 사사로이 나누어 준 '사분私分'의 형식이었다.

지방재정에 대한 규정이 명확하지 않고, 공식적인 재원이 매우 부족한 조선 후기의 현실 속에서 지방 관아에서 일하는 사람들의 어려움을 알 수 있지만, 이들은 이런 상황을 이용하기도 했다. 창고를 관리하는 사람들은 자신들이 별환을 받을 때는 가장 정실한 곡식을 받기도 했고, 별환을 받아들일 때가 되면 자신들이 납부하지 않고 장부를 조작한다거나 다른 창고 곡물을 이용해서 부정을 저지르기도 했다.

조선 정부에서는 별환을 금지하고 있었지만 지방에서는 잘못된 전례라고 하면서도 시행하는 지역이 적지 않았다. 실학자인 안정복安鼎福의 『임관정요臨官政要』, 정약용의 『목민심서牧民心

書』에서는 지방관은 별환을 일절 엄히 금지해야 한다고 주장했지만 현실은 그렇지 못했다.

환곡을 출납할 때 잡인을 물리쳐라

환곡을 나누어 줄 때는 10일에 한 번, 월 3회 나누어 주었다. 10일에 한 번 나누어 주는 이유는 한꺼번에 지급하면, 농민들이 후일을 생각하지 않고 배불리 먹어서 뒷날 식량이 떨어지는 폐단이 발생하기 때문이다. 특히 흉년이 들었을 때, 조선 정부는 절대로 환곡을 한꺼번에 지급하지 말고 조금씩 나누어 주라고 강조했다. 10일에 한 번씩 나누어 주는 방식은 19세기까지 변함없이 시행되었는데, 이에 대한 비판적인 견해도 제기되었다.

18세기 끝 무렵 정조正祖는 전국에 농서農書를 올리라고 명령했는데, 당시 공주公州의 한 지식인은 14개 항목으로 구성된 책자를 올렸다. 그 가운데 환곡을 나누어 주는 것에 대한 개선책과 비변사에서 검토한 내용, 그리고 국왕인 정조의 결정을 살펴보면 다음과 같다.

공주 지식인이 국왕에게 올린 내용이다.

환곡과 군량軍糧을 분급할 때 반드시 농사철이 되기 전에 한 차례 넉넉히 지급하여 농사지을 동안의 식량을 갖추도록 하는 것입니다. 우리나라의 환향還餉이 폐단이 되는 것은 매양 여러 차례 분급하기 때문입니다. 중간에 새어 나가는 것은 모두 농간을 부리는 하리下吏들에게 들어가고 결국 농민의 손에 들어오는 것은 며칠 동안 입에 풀칠할 거리도 안 됩니다. 그것이 어떻게 농사지을 동안의 식량을 보조해 주어 농사짓는 일에 힘쓰게 하는 것이겠습니까. 더구나 농사를 권장하는 방도는 농사짓는 시기를 어기지 않는 것이 가장 중요합니다. 그런데 5, 6월 이앙할 철이 될 때마다 번번이 하루나 이틀을 허비하여 환곡을 가지러 가는 수고를 하는데, 이것은 식량을 보조하는 것에 보탬이 되지 않을 뿐만 아니라 농사짓는 시기를 어기게 되는 문제도 있습니다. 신의 생각에는, 이러한 내용으로 법령을 엄하게 세워 매년 농사를 시작하기 전에 한 차례 분급함으로써 한창 농사짓는 백성으로 하여금 잠시라도 힘을 허비하지 말게 하는 것이 아마도 농사를 권장하는 한 가지 방도가 될 것입니다.

비변사가 검토하여 국왕에게 올린 내용이다.

환곡을 분급하는 사안만은 채택할 만한 점이 없지 않습니다. 한 달에 세 차례 분급하는 법은 어리석은 백성들이 절제하지 않고 먹어 버릴까 염려하여 10일 간격으로 분급하는 것입니다. 그러나 실제로는 거꾸로 수고비만 많이 드니 세 번에 나누어 주는 것을 합쳐서 한꺼번에 주는 것이 더 편리한 방법입니다. 이것은 한마디로 분명히 알려 주어 깨닫게 할 수 있는 것이 있습니다. 모든 백성이 열흘마다 지급하는 환곡을 원하지 않고 반드시 별도로 지급하는 환곡(別還)을 받으려고 하는 까닭은, 열흘마다 지급하는 환곡은 받아 오는 데 비용이 많이 드는 반면 집으로 가져오는 양은 적지만 별도로 지급하는 환곡은 비용도 적게 들고 집으로 가져오는 양도 많기 때문입니다. 이것으로 미루어 보면 어느 것이 이롭고 어느 것이 해로운지 알 수 있습니다. 도신道臣으로 하여금 감영이 있는 고을에서 시험해 보게 하고 만약 백성들이 편리하다고 하면 여러 고을에서 시행해도 안 될 것이 없습니다. 이로써 분부하는 것이 어떻겠습니까?

정조의 처분이다.

> 환곡을 열흘마다 세 번에 나누어 주는 것을 합쳐서 한
> 꺼번에 주는 일로 말하자면, 명색은 양반이지만 부리
> 는 사람이 없는 사람은 이웃 사람의 힘을 빌려 환곡을
> 받아 가야 하는데, 그때마다 손실을 보는 것이 본디 공
> 통된 문제였다. 비록 서너 말(斗)을 받아 갈 때라도 오
> 히려 관속官屬에게 빼앗기고 점주店主에게 비용으로 뜯
> 기지 않을 수 없는데, 더구나 한꺼번에 받아 가는 서너
> 포包가 전적으로 종자種子와 농사지을 동안의 식량으로
> 만 쓰이리라는 보장이 없다. 우선 한두 고을에서 시험
> 해 보는 것도 안 될 것이 없다.

공주의 지식인은, 한 달에 세 번 나누어 주는 현재의 제도는
모내기를 한창 할 때 환곡을 받으러 가야 하므로 시간을 허비하
게 하고, 환곡 분급 과정에서 향리들의 농간으로 농민들이 받는
몫을 줄어들게 만든다고 비판하고 있다. 여러 번 나누어 주면
그때마다 향리들이 농간을 부리기 때문에 환곡은 농사철이 되
기 전에 한 번만 지급하자는 주장이다.

이것을 검토한 비변사에서는, 한 달에 세 차례 나누어 주는

법은 백성들이 절제하지 못할 것을 염려한 것이지만, 실제로는 수고비만 많이 드니 월 1회로 줄여서 분급하는 것이 편리하다고 보고했다. 백성들은 열흘마다 지급하는 환곡은 원하지 않고, 주로 양반들이 별도로 받는 환곡인 별환別還을 받으려 한다고 했다. 그 이유는 전자前者는 받아 오는 데 비용이 많이 들고 양도 많지 않은 반면, 별환은 비용도 적게 들고 양도 많기 때문이었다. 그러므로 도道의 책임자인 감사監司에게 감영이 있는 고을에서 먼저 시험해 보고, 성과가 좋으면 여러 고을에서 시행하자고 건의했다. 감사가 건의한 내용은 환곡을 받는 모든 사람들을 대상으로 한 것은 아니었다. 양반 중심의 정책이었다. 별환은 주로 양반들이 받고 있었다.

정조의 처분 역시 양반 중심의 정책이었다. 열흘마다 나누어 주는 것을 합해서 월 1회로 나누어 주는 일은, 명색은 양반이지만 부리는 사람이 없는 사람은 이웃의 힘을 빌려 환곡을 받기 때문에 그때마다 손실을 보는 것이 문제라고 판단했다. 또한 아전과 점주店主에게 비용으로 뜯기므로 한꺼번에 받아 가는 것이 좋을 것이라고 하면서, 우선 한두 고을에서 시험해 보라고 지시했다.

그러나 월 3회로 나누어 분급하는 제도는 그대로 지속되었다. 19세기에 들어서 정약용은 또다시 이 문제에 대한 비판적인 견해를 제시했다. 조선 정부가 환곡을 분할해서 주는 이유가 어리석은 백성은 지혜가 짧아서 한 번에 배불리 먹어 버려 식량이 떨어질 것이라고 여기기 때문이라는 것이었다. 정약용은 백성들이 환곡을 받아서 함부로 먹어 식량이 떨어진 자가 있건 아껴 먹어 식량을 이은 자가 있건 그들이 하는 대로 맡겨 두라고 주장한다. 그 이유는 환곡은 한 말씩 한 말씩 되어서 주게 되니 땅에 떨어진 곡식이 많이 나오고, 백성은 환곡 두 섬을 한목에 받지 못하고 열흘마다 받게 되니 비용이 많이 발생한다는 것이다. 그러므로 이노吏奴들은 살찌고 술집은 덕을 보나 백성들은 더욱 손해를 보게 된다는 점을 지적했다. 올해에 나누어 주어야 할 수량이 이미 정해졌으면 한꺼번에 다 나누어 주는 것이 좋다고 주장했다. 환곡이 적은 고을은 호당 받아야 할 것이 2섬에 불과하니 2섬은 30말인 것이다. 1호의 환곡은 대략 3-4집에서 나누어 먹으므로 한 집에서 한 사람을 내더라도 이 정도의 환곡은 운반할 수 있으니, 노약자나 부녀자는 남겨서 집을 보게 하고 나머지 사람들만 다 나오게 하더라도 환곡 운반의 어려움이 없을 것이라고 생각했다. 정약용은 시간과 비용을 절약하려면 한꺼번에 환곡을 나누어 주어야 한다고 주장하고 있는 것이다.

환곡을 나누어 주는 것이 한 번에 이루어지지 않는 것처럼 환곡의 징수도 한 번에 이루어지지 않았다. 환곡은 크게 두 차레 분급과 징수가 이루어진다. 봄과 여름에 환곡의 분급이 이루어지고, 여름과 추수 후에 징수를 한다. 여름에 수확하는 곡식과 가을에 수확하는 곡식이 환곡으로 운용되었기 때문이다.

17세기 초반 천안 군수가 행한 환곡 징수를 살펴보면 가을보리(秋牟)는 주로 5월에 시작하였는데 지방관이 곡식의 수확에 대한 보고를 확인하며 진행하였다. 이후 가을에 추수하는 곡식의 납부는 9월에 시작되어 약 보름간 지속되었다. 창고를 닫는 것은 별감과 좌수가 담당하였다. 16세기 후반 강화 지역의 환곡 징수 상황을 살펴보면 6월에는 보리와 밀을 징수하고 있다. 황해도 지역에서는 가을보리와 밀은 8월에 분급하고 다음 해 6월에 징수했다. 또한 봄보리를 분급하는 경우에는 2월에 분급하여 6월에 징수했다. 그러므로 6월에 징수하는 보리는 전년도에 파종하여 올해에 수확한 가을보리와 올해 봄에 파종하여 여름에 수확한 봄보리를 모두 징수하고 있는 것이다. 가을보리와 봄보리를 동시에 징수하는 이유는 수확 시기가 크게 차이 나지 않기 때문이다.

또한 가을에 수확하는 환곡의 징수는 9월에서 10월에 시작하여 11월에서 12월에 끝낸다. 환곡을 징수하는 시기는 전세와 군포를 징수하는 시기와 겹친다. 이 외에도 조선 정부에 납부하는 세금 이외에 지방관이 징수하는 잡역세雜役稅도 함께 징수했다. 그러므로 9월과 10월부터 민인들은 세금 납부에 많은 노력을 해야만 했다. 특히 환곡의 경우, 흉년이 들었을 때는 징수를 연기해 주곤 했는데, 흉년이 지나고 어느 정도 상황이 안정된 후에는 징수를 연기한 밀린 환곡, 구환舊還도 납부해야만 했다. 환곡의 경우, 당해 연도에 나누어 준 신환新還을 먼저 징수한 다음에 구환을 징수하였다. 또한 곡식의 종류에 따라 거두어들이는 날짜를 달리해서 쌀을 먼저 징수한 다음에 콩이나 다른 곡물을 징수하기도 했다. 지역에 따라 여러 가지 형태로 운용되고 있는 것이다.

흉년이 들지 않은 평년의 경우, 환곡을 걷을 때 지방관이 유념해야 할 것은 직접 징수를 감독하여 곡식의 품질을 살피고 아전들의 부정행위를 단속하는 것과 지정된 날짜 안에 징수하는 것이다. 그리고 농민들을 위해서 환곡의 분급과 징수를 할 때 창고 주변에 잡인들을 물리쳐서 농민들이 가지고 있는 곡식을 낭비하지 않도록 조처하는 것도 지방관의 주요 임무였다.

지방관의 지방행정에 도움을 주려고 편찬된 목민서牧民書에서는, 환곡을 나눠 줄 때와 받아들일 때 길목에서 술과 음식을 차려 놓고 돈을 벌려는 자들이 모여드니, 엄히 다스리도록 했다. 또한 창고 근처에 술 파는 사람이 있으면 단속하여 쫓아내게 하고, 술과 고기를 매매하는 일을 엄하게 금지하도록 했다.

19세기에 저술된 정약용의 『목민심서』에서는 환곡을 출납할 때 농민들이 곡식이 있으므로 주변에 보이는 간식이나 술을 사 먹게 되니 환곡은 한 번에 분급하자고 주장했다. 환곡을 분급하는 일이 끝났으면 군관軍官 5~6명을 불러서 창고로부터 5리 밖까지 잡인의 통행을 금하고 농민들로 하여금 섬을 지거나 소에 싣게 해서 창고 문을 나가게 했다. 군관들은 이들을 인솔하여 10리 밖까지 보내 주도록 했다. 정약용이 이렇게 환곡을 받은 농민들을 읍내 사람들에게서 차단하려 한 것은 곡식을 가진 농민들이 술과 밥을 사 먹어서 곡식을 낭비하는 것을 방지하려고 한 것이다. 이 외에도 풍헌風憲이나 약정約正에게 진 빚인 전채前債를 갚거나 환곡을 받은 날에 면주인面主人에게 예물로 바치는 전례前例를 바치지 못하게 하려 한 것이다. 정약용은 환곡을 분급할 때만 설명하고 있지만, 다른 목민서에서는 받을 때와 걷을 때 두 차례 모두 이런 행위를 못 하게 했다. 특히 환곡을 받아들일 때는 전채와 같은 개인 빚 등을 먼저 갚는 것을 금지했다. 국가의 곡물인 환곡을 먼저 갚기 전에 개인 빚을 먼저 받으면 돈을 빌려준 사람을 엄히 처벌하도록 했다.

　　18세기 후반 원주의 사례를 살펴본다. 원주에는 강원도 전체를 관할하는 감사가 감영監營에 있고, 그 근처에 원주를 다스리는 지방관인 판관判官이 거주하는 관아官衙가 있었다. 1796년

(정조 20) 원주原州 판관은 부임 6개월 만에 환곡 징수 업무를 시작하였다. 9월에 각 면의 환곡 징수는 다음 달 6일부터 시작한다고 알리면서 환곡을 징수할 때 유념할 사항 14가지를 지시했다. 이 가운데 두 가지가 술을 금한다는 것과 읍에서 머물지 못한다는 것이다. 술을 금지한 것은 감영에서 또 지시가 내려왔다. 환곡을 걷을 때 사람들이 곡식을 가졌으므로 술로 바꾸기가 어렵지 않아서 폐단이 되고, 술주정을 부리며 소란을 피우기도 했다. 그래서 관아 밖에 있는 창고인 외창外倉의 창촌倉村은 술을 빚지 말게 하고, 관가에서는 염탐하도록 했다. 또한 술을 파는 사람들에게 몰래 술을 빚어 죄에 걸리지 말도록 지시했다.

큰 고을에는 관아 밖에 창고가 설치된 경우가 있다. 고을의 행정구역이 넓어서 관아로 오기에 먼 지역에는 창고를 설치해서 주변 사람들이 외창外倉에서 환곡을 받고, 거두어들이도록 했다. 원주에도 몇 개의 외창이 있었고, 이 외창은 창감倉監이 관리하고 있었다. 원주에서 관아로 환곡을 출납하러 오는 곳 가운데 고모곡면古毛谷面이 가장 먼 지역이었다. 관아에서 서북쪽으로 60리 떨어져 있었는데 강을 건너고 몇 개의 고개를 넘어야 관아로 올 수 있는 지역이었다. 그래서 하루에 왔다가 가는 것이 불가능했다. 이 지역 사람들은 환곡을 바치러 와서 읍 아래에 묵으면서 주인에게 식가食價 명목으로 곡물을 소비하여 번번이 환곡으로 바칠 곡물이 축나고 있었다. 그래서 이번에는 중간에 묵고 다음 날 환곡을 바친 즉시 돌아가 읍에서 머물지 못하도록 했다.

환곡을 징수할 때는 감영에서 술을 금한다는 지시를 미리 내리고, 각 고을에서는 이런 감영의 지시를 토대로 구체적으로 각 지역에 맞는 징수 날짜와 유의 사항을 정리해서 각 면에 내보내고 있었다. 여름에 보리 환곡을 걷을 때와 가을에 추수한 뒤에 환곡을 걷을 때도 동일했다. 큰 흉년이 들어서 긴박한 상황이 아니면 평년에는 거의 비슷한 지시 사항이 전달되고 있었다. 환곡을 징수할 때 술과 숙식비용으로 잡인을 금하는 규정 이외에 이서와 관노, 면임들 가운데 동냥(動鈴)의 명목으로 농민의 곡식을 빼앗는 것을 금지하였다.

봄과 가을을 가리지 않고 곡식이 타작 마당에 오를 때 감영과 관아의 관속官屬 및 창속倉屬이 동냥이라고 하면서 마을에 자주 나타나는 폐단이 심했다. 감영에 보고하여 이를 금한다는 명령을 받았지만, 동냥의 행위는 지속되었다. 감영과 관아의 행정 실무자들의 비용 조달이나 징수하지 못한 곡식을 채워 넣어야 한다는 핑계로 아전들이 농민에게 강제로 징수하였다. 심지어는 풍년이 들었음에도 불구하고 부족한 것이 있다고 동냥을 하고 있었다. 각 면임面任과 이임里任들에게 동냥을 하는 무리들을 잡아 오도록 했고, 엄하게 다스린다고 선언했다. 여름 곡식과 가을 곡식을 징수 할 때 매년 반복적으로 동냥 금지 규정을 내려보내지만 근절되지 않고 지속되었다.

이처럼 향촌 사회에서는 동냥의 명목으로 환곡을 출납할 때 농민들에게 강제로 징수하기도 했다. 조선 정부에서는 명목적으로 금지하는 지시를 내리고 있어서, 불법을 저지른 아전들은 이런 행위가 적발되면 처벌을 받아야만 했다. 하지만 동냥이 없어지지 않는다는 것은 구조적인 문제로 보아야 할 것이다. 지방 재정에 대한 보완이 이루어지지 않는 이상 지방행정의 실무자들은 생활과 생존을 위해서 부정행위를 지속할 수밖에 없을 것이다. 이 과정에서 향리 개인의 탐욕으로 인한 부패도 증가했을 것이다.

3

___

환곡을 거두어들일 때의
모습

흉년이 들면 환곡 징수에서 벌어지는 일, 대봉代捧

조선 후기의 사회경제적 변동에서 농업에서의 변화가 두드
러졌다. 17세기 후반부터 논농사에서는 큰 변화가 있었다. 모
내기 농법이 일반화된 것이다. 이전에는 논에 직접 볍씨를 뿌리
는 '직파법直播法'이 주류를 이루었다. 모판에 볍씨를 심어서 키
운 다음 '볏모'를 옮겨 심는 모내기를 하는 농법을 '이앙법移秧法'
이라고 한다. 모내기를 하면 이전보다 많은 이익이 있었다. 잡
초를 뽑는 노동력이 2-3배 절감되고, 생산량이 증대하고 남부
의 일부 지역에서는 수확이 끝난 후에 가을보리를 심을 수 있
어서 토지생산성이 증가했다. 모내기 농법이 일반화되려면 물

이 필요했다. 특히 모내기를 할 때 논에 물이 충분해야만 했다. 그러나 17-18세기의 조선에서는 지금처럼 대규모의 다목적 댐이 없어서 논농사가 불안한 면이 있었다. 소규모 수리시설인 보洑와 제언堤堰 등이 있었지만 큰 가뭄이 들면 큰 효과를 낼 수 없었다. 그러므로 모내기 농법이 널리 시행되면서, 다른 한편으로는 가뭄으로 인한 농업에서의 피해가 빈번히 발생하곤 했다. 충청도, 전라도, 경상도를 삼남三南 지역이라고 하는데, 조선시대 논농사의 중심 지역이었고 이곳에서 납부하는 전세田稅가 조선 재정의 중심을 이루었다.

농업이 주요 산업이었던 조선시대의 지방관은 비가 내린 상황과 농사의 진행 상황을 주기적으로 보고해야만 했다. 환곡을 나누어 주고 농사를 준비할 때 비가 오지 않으면 지방관뿐만 아니라 조선 정부의 관료와 국왕도 근심에 싸였다. 가뭄이 들어서 제때 모내기를 하지 못하면 다른 곡물을 파종하는 경우가 종종 발생한다. 이미 환곡은 쌀과 벼로 받았는데 모내기를 못 해 다른 곡물을 재배하여 수확한 경우, 가을에 환곡을 거둘 때는 수확한 다른 곡물로 납부하게 하였다. 이처럼 환곡으로 나누어 준 곡물과는 다른 곡물로 대신 징수하는 것을 '대봉代捧'이라고 한다.

환곡은 봄에 나누어 주었다가 가을에 수확하고 거두어들이는 가을 곡식 중심으로 운영되지만, 보리처럼 6, 7월에 나누어 주었다가 다음 해 5, 6월에 거두어들이는 여름 곡식도 운영되었다.

1735년(영조 11) 평안도에서 보리 흉년이 들었다. 보리를 수확할 시기인 6월에 작년에 나누어 준 보리 환곡을 거두어들여야 하는데 보리를 징수할 수 없었다. 평안 감사는 보리가 흉년이라 식량이 떨어져서 김매기를 못 하고 농사철을 놓칠 우려가 있다고 창고에 절반을 남겨 둔 환곡의 추가 분급을 요청하고 있었다. 창고에 있는 쌀, 좁쌀, 콩 등은 그대로 두고 메밀, 기장(黍), 피(稷) 등의 잡곡과 수수쌀(唐米)을 더 분급할 수 있도록 조처해 달라고 요청했다. 잡곡과 수수쌀을 요청한 이유로 이들 곡식을 1년 이상 보관하면 묵어서 상하게 될 수 있다는 점을 강조했다. 이들 곡식은 장기 보관에 취약한 곡물이었다. 이처럼 평안 감사는 보리 흉년이 들자 보리 대신 다른 곡물을 징수하는 '대봉代捧'과 환곡을 나누어 준 다음에 추가로 곡식을 나누어 주는 '가분加分'을 요청한 것이다. 호조가 관리하는 환곡은 절반은 창고에 두고 절반만을 나누어 주는 '반류반분半留半分'의 운영을 하고 있었다. 앞서 언급했듯 환곡을 나누어 준 뒤에 흉년으로 종자나 식량을 추가로 나누어 주는 것을 '가분加分'이라고 한다.

평안 감사의 대봉과 가분 요청에 대해 국왕인 영조는 신중하게 대처했다. 우선 다른 지역의 사례를 살펴보고 있었다. 평안도와 함경도는 상황이 다르다고 하면서 다른 곡물로 대신 거두는 일의 전례가 있는가를 물었다. 함경도의 경우는 흉년이 들면 경상도나 강원도의 곡물을 옮겨서 구제하는 경우가 종종 있었다. 그러므로 흉년이 들었을 때는 다른 곡물로 징수하는 경우가 많았다. 이에 대해 신하들은 큰 흉년이 든 곳은 다른 것으로 대신 거두는 것 이외에 다른 방도가 없다고 의견을 밝히기도 했고, 다른 한편으로는 대신 징수할 때의 폐단을 말하며 반대하기도 했다. 보리 환곡을 다른 것으로 대신 거둘 경우에 삼남지방은 벼로, 평안도에서는 조(粟)로 거두지만 가을이 되어야 하니 걱정스럽다는 의견도 있었다. 흉년으로 6월 징수할 보리를 다른 곡물로 거둘 때는 곡식이 익은 뒤에 10월까지 기다려야 하지만 밭곡식(田穀)은 8월 초에도 수확할 수 있으니, 대봉을 허락하더라도 일찍 거두어야 한다는 의견도 있었다. 또한 많이 허락하지 않아야 한다고 했다. 결국 영조는 보리 흉년으로 보리 대신 다른 곡물로 걷는 것을 허락했지만, 절반을 창고에 남겨 두는 법은 가벼이 바꿀 수 없다고 하면서 창고에 남겨 둔 것 중에서 더 지급하는 일은 허락하지 않았다.

흉년이 들면 나누어 준 곡물로 받아들이기가 어려워서 다른 곡물로 징수하는 경우, 전체 액수의 곡물을 허락하는 것은 아니다. 일부는 다른 곡물로 대신 납부하더라도 본래 곡물로 내야 하는 몫이 있었다. 이 경우 중간에서 실무를 담당하는 향리들이 농간을 부릴 여지가 있었다. 그러므로 쌀을 다른 곡물로 대신 걷으라는 명령이 내려가면, 농민들은 본래 곡식으로 납부하고 지역의 세력 있는 양반들은 잡곡으로 납부하지만, 받아먹을 때는 양반은 다른 사람이 납부한 실곡實穀을 먹는데 농민들은 도리어 잡곡을 받으니 폐단이 된다고 우려하고 있었다. 18세기 초반 경상도 상주尙州에서 산성山城에서 받은 쌀 환곡을 내지 못한 사람들에게 쌀 대신 콩으로 대신 낼 수 있도록 허락하자, 한 양반은 백성들을 동정하는 뜻은 아름다우나 창고 담당 아전들이 농간을 부릴 것을 우려하고 있었다. 이런 폐단에도 불구하고 흉년이라는 상황에서는 다른 선택의 여지가 없었다.

처음 나누어 준 곡식을 다른 곡식으로 거둘 때 유의해야 할 점은 곡식의 가치를 살펴야 한다는 것이다. 쌀과 잡곡 등은 곡물의 가치가 달랐기 때문에 호조戶曹에서 쌀과 다른 곡물 간의 교환 비율을 정하였는데 이를 '호조식戶曹式' 혹은 '호식戶式'이라 하였다. 영조 때 편찬된 『속대전』에서는 재해를 만난 해에 환곡을 다른 곡식으로 대신 납부할 수 있도록 하고, 각 곡식의 교환 비율을 규정하였다. 쌀을 중심으로 설명하면 쌀 1섬에 콩은 2섬, 벼(租)는 2섬 7말 5되, 팥은 1섬 7말 5되로 교환하게 했다. 쌀과 좁쌀(田米, 小米)은 같은 비율이고, 좁쌀을 쌀로 갚을 때는 이자를 징수하지 않았다. 1섬은 15말, 1말은 10되이므로 쌀은 벼와 보리의 2.5배, 팥의 1.5배의 가치를 지녔다.

남부지방은 논농사가 중심이지만 함경도, 강원도와 같이 산이 많은 지역은 잡곡이 농사의 중심이었다. 환곡 문서에서 곡식의 종류와 액수가 자세하게 드러난 경우는 별로 없으나, 영조에게 보고된 『여지도서輿地圖書』에는 함경도의 곡물 종류와 액수가 모두 적혀 있다. 『여지도서』는 전국의 각 고을의 읍지邑誌를 일정한 형식으로 기록하여 보고한 책이다. 함경도의 경우, 23개 고을에서 12종류의 곡물 액수를 기록하였고, 그 총액은 75만 6천여 섬이었다. 당시 함경도의 환곡 가운데 쌀은 1%도 못 되었고 귀리가 24%로 가장 많았다. 이처럼 함경도에는 잡곡이 환곡의 대부분을 차지하고 있었고, 강원도도 잡곡이 다수를 차지하고 있었다.

함경도는 마천령摩天嶺을 경계로 남과 북으로 나뉘었는데 남쪽을 남관南關, 북쪽을 북관北關이라고 불렀다. 함경도의 남북 지역은 환곡으로 비축된 곡식의 종류도 크게 달랐다. 양 지역 모두 귀리가 가장 큰 비중을 차지하고 있지만 남관의 10개 고을에서는 귀리 다음으로 피(稷)와 수수쌀(唐米)이 많았다. 이 가운데 수수쌀은 많은 폐단을 낳았다. 수수쌀은 겉수수(皮唐)를 찧어서 껍질을 벗겨 낸 것이다. 보리를 찧으면 보리쌀이 되고, 조(粟)

를 찧으면 좁쌀(小米), 메밀을 찧으면 메밀쌀, 귀리를 찧으면 귀리쌀이 되는 것이다. 쌀은 벼에서 껍질을 벗겨 낸 알맹이란 뜻도 있지만, 볏과에 속한 곡식의 껍질을 벗긴 알을 통틀어 이르는 말이란 뜻도 있다.

수수의 열매는 조그마해서, 그것의 껍질을 벗겨도 크게 차이가 나지 않는다고 한다. 조그마한 열매의 껍질을 제거하려면 물을 섞어서 찧으므로 겨울과 봄이 지나면 대부분 썩어 버리고 또 종자種子로 사용할 수 없었다. 그래서 수수쌀이라고 부르면서 겉수수를 뒤섞어서 바치는데, 남관과 북관 각 고을이 모두 동일한 행위를 하고 있었다.

이런 현실 속에서 수수쌀은 '쌀'이란 이름이 있기 때문에 모든 지출하는 규정을 좁쌀과 동일하게 적용하고 있었다. 수수와 수수쌀은 재정 규정으로 보면 엄연히 다른 항목으로 그 곡식 비중이 크게 차이가 났다. 곡식 간의 징수 비율을 자세하게 규정한 『전율통보典律通補』에서는 쌀과 벼 그리고 거친 벼(荒租)의 비율을 1:2.5:3.5로 규정하고 있다. 거친 벼는 까끄라기가 섞인 벼를 말한다. 또한 벼는 보리와 맞바꿀 수 있고, 거친 벼는 수수, 메밀, 귀리와 맞바꿀 수 있었다. 그러므로 쌀 1섬으로는 거친 벼 3섬 7말 5되 5홉으로 교환해야 한다. 거친 벼는 수수와 메밀과 귀리와 동일한 가치를 가졌다. 이 규정에 따르면 쌀과 좁쌀은 1:1로 교환한다. 좁쌀과 수수쌀의 비중을 동일하게 적용했으므로, 수수쌀과 수수의 교환 비율은 약 1:3.5로 교환되어야한다. 그러나 현실에서는 이 규정이 적용되지 않았던 것 같다. 수수쌀과 수수가 혼용되어 사용되었던 것으로 보인다. 원래는 1:3.5 비율로 사용해야 하나 실제로는 1:1의 비율로 사용되었던것이다. 쌀과 벼가 1:2.5의 비율로 교환되어야 하는데 이것을 1:1로 교환하면 '단대봉單代捧'이라고 이름했다. 곡식의 교환 비율을 무시하고 곡식의 종류와 상관없이 동일한 가치로 교환하는 것이다. 흉년이 들었을 때 지방관이 환곡을 어떻든지 징수하려고 단대봉을 불법적으로 시행하는 경우가 종종 있지만, 이런행위는 환곡을 부실하게 하고 폐단을 가중시켰다.

1790년(정조 14) 함경도 북청北靑에서는 수수쌀의 폐단을 시정해 달라고 요청했다. 북청의 환곡에 수수쌀이 있는데 1742년(영조 18) 큰 흉년이 든 뒤로 이것이 변하여 겉수수가 되었다고 했다. 이름은 '쌀'이지만 실은 겉곡식이란 것이다. 수수쌀의 이름이지만 실제로는 수수라는 것이다. 지금까지 49년 동안 잘못된전례를 그대로 이어받아 바로잡지 못했다고 했다. 이름이 수수쌀이라 좁쌀과 동일한 규정으로 사용하고 있다는 지적이다. 흉년이 들 때마다 수수가 잘 여물지 않으면 부득이 다른 곡식으로걷는 것을 허용하는데, 수수 1섬에 콩은 2섬이고 벼는 2섬 7말

5되를 징수한다는 것이다. 실제로는 수수는 콩이나 벼와 그다지 많은 차이가 나지 않는데도 대신 납부하는 것은 수수보다 배가 되거나 또는 배 이상을 받는다는 것이다. 이것은 환곡 문서에는 수수쌀로 기록되어 있지만 실제는 수수로 집행되고 있어서 이런 일이 벌어지는 것이다.

이런 문제는 함경도만의 문제는 아니었다. 황해도에서도 동일한 문제가 불거지고 있었다. 1794(정조 18) 황해도 안악安岳의 지방관이 환곡 문제로 의금부에서 조사받을 때의 진술을 살펴본다.

> 수수라는 곡물로 말하면, 수수쌀과 겉수수가 명목은 현격히 다른 것 같지만 실제로는 그다지 서로 차이가 없는 것입니다. 지금 조사할 때 이를 구분하여 서로 다른 것처럼 처리한 것으로 말하면, 다소 알찬 것을 가리켜서 수수쌀이라고 하고 조잡한 것을 가리켜서 겉수수라고 한 것에 불과합니다. 조와 좁쌀(粟米)이나 벼(租)와 쌀(大米)처럼 서로 판이하게 다른 두 가지 곡물이 아닙니다. 그러므로 전해 내려오는 잘못된 규례에는 원래 구별이 없었습니다. 더구나 제가 안악군을 맡고 있을 때는 마침 거듭 흉년을 당한 때였으니, 이른바 수수쌀

을 바치는 자가 간혹 조잡한 것을 섞어서 바쳤다고 하더라도 일일이 검사하여 퇴짜 놓을 수가 없어서 예전에 하던 대로 받아 두고 말았습니다.

어사의 감찰에서, 환곡 문서에서 수수쌀과 수수의 액수를 점검하다가 장부상의 곡물 액수가 차이가 난 것을 비위로 몰고 간 사례이다. 수수쌀과 수수는 관례대로 같이 취급했다는 진술이다.

같은 시기에 함경도 영흥永興에서도 동일한 문제를 제기했다. 영흥부의 문제에서 환곡 7만 2천여 섬 가운데 수수쌀이 1만 8800여 섬으로 많다는 것이다. 수수쌀이 이곳의 토양과는 맞지 않고 종자가 드물어서 이름은 '쌀'이지만 실제는 겉수수라는 것이다. 그러므로 봄에 환곡을 받을 때는 번거롭게 오가는 수고만 하고 받아도 먹을 것이 없는데 가을에 환곡 징수를 독촉받고는 오른 값으로 갖추어 내느라 억지로 마련하게 되어서 인구가 줄고 있다는 것이다. 이 때문에 1만 3천 호에서 9천 호로 줄었다고 호소하고 있다. 앞서 살펴본 『여지도서』에서는 영흥의 환곡이 6만 9천여 섬이었고 수수쌀은 8천 1백여 섬이었다. 35년이 흐른 후에 환곡 총액은 3천 섬 정도가 증가했는데, 수수쌀은 1만여 섬이나 크게 증가했다. 이것은 흉년이 들어 다른 곡식으로 대신 납부하라는 명령이 내려왔을 때 수수쌀로 납부한 경우가 많아서 수수쌀이 많이 증가했을 것이다. 그러나 수수쌀이라며 납부할 때 수수를 섞어서 내는 경우가 많았기 때문에 환곡이 부실해지고 있었다.

이 문제에 대한 처방은 북청부처럼 겉수수를 징수할 때 수수쌀로 징수하는 것이었다. 이름은 수수쌀이지만 실제로는 겉수수가 많이 섞여 있는 상태이므로 수수쌀로 징수한 것이다. 그러나 흉년이 들었을 때도 계속해서 수수쌀로 징수할 수는 없었기 때문에 겉수수로 징수하도록 했다. 함경 감사는 매년 가을에 함경도의 농사 형편과 환곡을 보고하면서 환곡을 거두어들일 방안을 보고하는 문서에서 풍년이면 수수쌀로 징수하겠다고 하고, 흉년이 들면 겉수수로 징수하겠다고 보고하고 있다.

또한 수수와 수수쌀의 폐단을 확인한 조선 정부는 흉년이 들었을 때 환곡을 다른 곡물로 거두는 것을 포기하지는 않았지만 함경도에서는 절대로 수수쌀이나 수수로 징수하지 못하게 했다. 함경 감사가 매년 가을에 보고하는 문서에서 '다른 곡식의 대신으로 수수쌀과 수수는 바꾸어 바치지 못하게 한다'라는 구절이 반복해서 나타나고 있다. 함경도뿐만이 아니라 강원도, 황해도, 경기도, 남한산성이 있는 광주부廣州府 등에서도 다른 곡물로 대신 징수할 때는 수수쌀과 수수는 바꾸어 바치지 못하게 했다.

　그러나 조선 정부의 노력은 별 효과를 보지 못한 듯하다. 1801년(순조 1) 함경도 암행어사가 올린 보고에는 남관의 수수와 수수쌀은 명색은 다르지만 실상은 모두 겉곡식이라고 했다. 그런데 분급하고 거둘 때 감관과 담당 아전들이 '쌀'이라고 하면서 좁쌀로 바꾸어 바치게 하기도 하고 겉곡식이라고 하면서 잡곡으로 바꾸어 지급하기도 한다고 보고했다. 조선 정부가 수수쌀과 수수를 철저히 구별하려고 했지만 감사와 지방관이 철저하게 법을 지키지 못하고 간악한 일을 분명하게 단속하지 못하고 있다고 진단한 것이다.

　흉년에 들었을 때 다른 곡물로 대신 징수하는 것은 어쩔 수 없는 일이었지만 이 과정에서 부정이 개입할 여지는 항상 존재했다. 한 제도가 좋은 의미로 시작했지만 시행 과정에서 관리자와 실무자가 개인적인 이익을 취하는 경우도 종종 발생한다. 관리자에 대한 감시와 통제가 이루어져야겠지만 또 다른 행위의 부정 행위가 지속된다면, 거시적인 제도의 개선을 생각해야 할 것이다.

환곡을 납부하지 못하면 양반도 당하는 매질과 죽음

1792년(정조 16) 안동 하회마을에 사는 양반 류홍춘柳弘春이 환곡 납부를 거부했다고, 안동 부사 김이익金履翼이 관아에 잡아다가 매질을 가했는데, 얼마 안 있어 류홍춘이 사망한 사건이 일어났다. 그러자 그의 아내가 곡기를 끊고 스스로 목숨을 끊었다. 하회마을은 현재 유네스코 세계문화유산으로 지정된 명소로 유명하지만, 조선시대에는 풍산豊山 류씨柳氏가 모여 살았던 마을이었다.

류홍춘은 류성룡柳成龍의 7대손으로 안동의 명문가 사람이었고, 안동 부사는 김창업金昌業의 증손曾孫 김이익이었다. 김창업의 형은 노론老論 사대신四大臣 가운데 한 명인 김창집金昌集이었다. 노론 4대신은 조선 후기 경종 연간에 왕세제王世弟로 책봉된 영조의 대리청정을 요구하다가 소론少論에 의해 반역으로 몰려 처형당했으나, 영조가 즉위하며 집권한 노론들에 의해 모두 관작이 회복되고 시호가 내려졌다. 류성룡은 임진왜란이 일어나기 전에 이순신李舜臣을 천거했고, 정치적으로는 동인東人의 온건파인 남인南人이었다. 인조반정仁祖反正으로 서인西人이 집권한 이후 남인은 정치적 소수파로 명맥을 유지하고 있었다. 이 사건은 영남 남인의 양반과 조선 후기의 집권 세력인 노론의 지방관이 원고와 피고로 등장하는 사건이다.

사건의 발단은 정조 16년 10월 29일에 안동 부사가 환곡을 납부하지 않은 양반 류홍춘에게 15대의 매질을 하였고, 18일 만인 11월 17일에 류홍춘이 사망한 것에서 시작된다. 류홍춘이 사망하자 그의 부인 김씨金氏는 물 한 모금을 마시지 않다가 12월에 스스로 목숨을 끊었다. 그의 아들인 류정조柳井祚는 당시 16세였는데, 어머니의 장례를 위해 염殮을 할 때 옷상자 안에서 '원수를 갚지 못하고 목숨을 끊으니, 한집안이 협력하여 이 원수를 갚아 주기 바란다…'는 혈서를 보았다.

한 달이 조금 지나는 사이에 아버지와 어머니의 죽음을 마주한 어린 아들은 집안의 도움을 받아 서울로 올라와 임금에게 직접 억울함을 호소하려고 시도했다. 당시 서울의 행정 책임자는 안동 부사와 같은 집안인 안동 김씨金氏 김문순金文淳이었다. 한성 판윤判尹은 아버지의 억울한 죽음을 국왕에게 호소하려는 어린 아들을 제지하였고, 이것은 또 다른 사건을 일으켰다. 여러 우여곡절 끝에 국왕인 정조正祖도 알게 되었다.

이 사건은 당시 서울에서 선전관宣傳官 벼슬을 하고 있던 무관武官 노상추盧尙樞에게도 알려졌다. 이 사건에 대한 처리는 조선의 공식 문서인 『일성록』에 기록되었다. 노상추는 고향이 선산善山으로 안동의 풍산豊山 류씨와는 교분이 있었다. 그러므로 류홍춘의 아들인 류정조가 서울에 올라오기 전부터 이 사건을 알고 있었다. 『노상추일기』에 기록된 내용은 풍산 류씨의 입장을 대변한다고 하겠다. 류정조가 서울로 올라올 때 가까운 친척인 류밀과 류태조 형제가 함께 동행했는데, 류밀은 노상추의 친구였다.

노상추가 풍산 류씨 집안의 사건을 안 것은 1792년(정조 16) 12월 20일이었다. 성균관 근처의 반촌泮村에 사는 풍산 류씨 어른에게 인사를 드리러 갔다가 이 사건에 대해 듣게 되었다. 노상추가 전해 들은 사건의 전모는 다음과 같다. 안동 하회河回의 류홍춘이 환곡을 다 바쳤다는 영수증이 이미 동짓달 보름 전에 나왔다. 그런데도 관배자官牌子(체포 명령서)가 나오므로 납부를 마쳤다는 자문을 서리胥吏에게 주어 들여보내고 자신은 들어가지 않았는데, 안동 부사 김이익이 관의 지시를 거역했다고 잡아들여서 19차례나 매질을 하므로 그대로 죽었다고 한다. 류 씨라는 성씨가 생긴 후에 처음 생긴 변고인데, 또한 개인적인 감정 때문이라고 한다.

노상추가 전해 들은 이야기는 사실과는 다른 부분이 있다. 19차례의 매질이 아니고 15차례의 매질을 하였고, 그대로 죽은 것이 아니라 매를 맞은 지 18일 후에 죽은 것이다.

노상추는 14일 후인 1793년(정조 17) 1월 4일에 반촌에 갔다

即爲八侍爲常戚而退未及八侍者五人更爲　分付決棍加五度

汰去崔範星亦叅汰去中

盲目甲晛是早性泮侯柳眞長隆丈還戡聞河上柳弘春以遠上罪

納尺文已出於至月望前而官牌柴未則以單尺文給差人

送不爲八去則安東府使金復冀以官官捉遑捉八刑推十

九度因爲致鵬云柳氏得姓後初爰忘私感也云

菫乙酉晛頌於初九日叅相警恩判府事是曰又次對右议政金復素

大監備司堂上盡第八侍叅相之八侍進呈袖劄乃洽遣未

盡鋤治者云：叩頭石階承旨孝盂運讀劄請領宗群下右

议政金　無一言徐判書有溓先起曰叅判府之劄當然请下

가 안동 친구인 류밀을 만나서 더 구체적인 이야기를 들었다. 류밀은 류홍춘이 환곡을 제때 납부하지 못했다고 매를 맞고 죽고 그의 부인이 자진自盡하니, 그 아들이 억울함을 호소하기 위해 서울에 올 때 함께 온 것이다. 그가 파악한 내용이다.

류홍춘은 환곡을 모두 6섬 받아먹고 10월에 그 절반은 이미 바치고 절반은 아직 바치지 못했는데, 관의 명령이 내려져서 아직 바치지 못한 것을 납부하라고 독촉하였다. 이에 즉시 모두 바치고 영수증을 들여보냈는데, 관의 명령을 거역했다면서 사람을 보내서 붙잡아 들여 15차례나 매질을 하였다. 이것이 지난해 10월 27일에 있었던 일인데 11월 18일에 류홍춘이 죽었다. 애초에 혹독한 장杖을 맞고 몸이 망가져서 결국 목숨을 잃은 것이다. 그러자 그의 처 김 씨가 혈서를 쓰고 스스로 목숨을 끊었다고 한다. 그의 아들 류정조가 도성에 들어온 후에 금호문(창덕궁의 돈화문 서쪽에 있는 작은 문) 밖에 4일간 엎드려 있었는데, 한성부 판윤 김문순이 남자종을 시켜 쫓아내고는 또 안동의 경주인京主人을 다그쳤다. 류정조가 대궐문 밖에 엎드려 있지 못하게 되자 반촌에 들어가려고 파자교把子橋 밖으로 나왔다. 그러자 10여 명의 하인이 동대문 밖으로 몰아내서 작은 집에 붙잡아 두고 남자종으로 하여금 지키게 하였는데, 지난달 29일의 일이다. 함께 온 족친이 그가 붙잡혀 있는 곳에 가서 임기응변으로 류정조를 빼내 도망가게 해서 반촌에 들어오게 했기에 비로소 그곳에서 벗어날 수 있었다. 그리고 1793년(정조 17) 1월 1일에 동가銅街(구리개, 을지로) 벽문壁門에서 격쟁擊錚(원통한 일을 당한 사람이 임금이 거둥하는 길에서 꽹과리를 쳐서 하문을 기다리던 일)했으나 임금께서 묻지 않았다. 임금이 돌아오실 때 지름길로 선인문(창경궁의 동남문) 밖에 이르러 수문水門의 벽문에서 다시 격쟁을 하니, 그제야 임금이 사건을 알아보도록 했다.

노상추가 들은 이야기는 류정조가 서울에 올라와서 임금께 사건을 알리기까지의 과정이 정리되어 있다. 이 부분 역시 『일성록』과는 다른 부분이 있다. 형조에서 살펴본 류정조의 탄원서에는 류홍춘이 10월 29일에 곤장을 맞고 11월 17일에 사망했다고 되어있다.

국왕인 정조가 안동의 류홍춘 사망 사건을 파악한 뒤, 1월 4일부터 본격적인 행정 절차가 시작되었다. 열흘 뒤인 1월 14일에 형조가 '류홍춘 사건'에 대해 조사하여 정조에게 보고하자, 정조는 경상 감사에게 상세히 조사하여 보고하라는 지시를 내린다. 이후 2월 21일에 경상 감사가 사건을 조사하여 보고한 내용을 토대로 정조는 안동 양반 류홍춘의 아내 김 씨에게는 정문旌門(열녀를 표창하기 위하여 그 집 앞에 세우던 붉은 문)을 세워 표창하고, 안동 부사 김이익은 평안도 철산鐵山으로 귀양을 보냈다. 김

그림 6 안동 하회마을 풍산 김씨 정려각旌閭閣과 현판

씨를 열녀로 삼고 안동 부사를 귀양 보내서, 자식을 위로하고 영남지방 사족土族을 위로한 것이다.

　사건은 복잡하지는 않지만 사건을 처리하는 과정에서 피해자의 진술과 안동 부사의 진술 그리고 형조와 경상 감사의 의견 속에서 서로의 관점이 엇갈린다. 피해자의 진술에서는 10월이 환곡 납부를 끝낼 시기가 아님에도 불구하고 체포하고 매질하여 사망에 이르게 하였다고 하면서, 안동 부사의 무리한 법 집행을 규탄하고 있다. 근래 들어 경상도 지방관들이 공사公事를 평계로 사람에게 고통을 가하고 있는데, 그중에서도 안동이 가장 심하여 안동 경내境內에서 느닷없이 재앙에 걸러든 자가 300여 인이나 된다고 했다. 생원이나 진사로서 곤장을 맞는 치욕을 당한 자도 있고, 노인이나 아이에게도 곤장을 친다고 했다. 그중에서도 류씨 집안에게서만 류홍춘과 같은 날에 매질을 당한 자가 3인이나 된다고 했다. 안동 부사가 환곡을 상환하는 일이 아니라 개인적인 감정으로 일을 처리했다고 주장했다.

　안동 부사는 환곡을 거두어들이는 데 하회에서 납부하지 않는 것이 가장 심하고, 사부土夫의 근거지에서 이를 본받으려 하여 교화가 미치지 못하는 곳이 된다는 주장이다. 당시 안동에서는 9월에 창고를 열고 환곡을 징수하기 시작했는데 10월 22일이 되기까지 1섬도 납부하는 자가 없어서, 양반집이나 상놈집을 막론하고 한 동洞마다 한두 사람씩 무작위로 추출하여 차인 差人(관아에서 임무를 주어 파견한 사람)을 보내 잡아 오도록 했다. 류홍춘은 거부하다가 잡혀갔는데 모두 30명 잡혀가서 15대의 의례적인 매질을 시행했다고 주장했다.

이에 대해 형조는 피해자가 진술한 원정原情(사정을 하소연함)은 모두 지방관을 욕하고 꾸짖는 말로 사실에 따라 일을 논하는 것이 아니니, 왕명으로 임명한 벼슬아치를 존중하고 후일의 폐단을 염려하는 방도로 헤아려야 한다고 보고했다. 또한 안동 부사가 매질을 한 것은 류홍춘이 명령을 위반하였기 때문이었고, 매를 친 것도 15차례에 불과하였으니 본래 목숨을 잃을 만한 단서가 되기에는 부족하다고 보고한다.

이에 대해 정조는 환곡의 상환을 독촉하는 일 때문에 매질을 한 것은 불법이 아닌 것 같으나, 매질을 당한 뒤에 우연히 병을 얻어 죽게 된 것인지 여부를 막론하고 그의 아내마저도 남편을 따라 자결하였으니, 감사가 직접 상세히 조사하여 보고하라고 지시했다.

이후 경상 감사는 안동 근처 고을의 지방관 세 명을 조사관으로 임명하여 함께 사건을 조사하여 보고했다. 안동에서는 9월에 창고를 열어 환곡을 받아들였으나 10월 22일이 될 때까지 1섬도 납부하는 자가 없어서 양반집이나 상놈집을 막론하고 한 동

洞마다 한두 사람씩 무작위로 추출하여 차인差人을 보내 잡아 오게 했다. 류홍춘도 그 안에 들어 있었는데 체포에 응하지 않았으므로, 관가에서 '환곡의 납부를 거부한 죄 이외에 또 관아의 명령을 거역한 죄까지 있다' 하여 별도의 차인을 다시 정해서 출두하도록 독촉하여 관아의 뜰에 잡아 왔다. 그때 각 창고에서 잡아다가 대령시킨 백성이 무려 30여 인이나 되었으며 모두에게 15차례의 의례적인 매질을 시행했다.

면임面任과 이임里任은 류홍춘 자신이 받은 환곡 가운데 먼저 1섬 남짓을 납부하였고, 2섬 남짓은 체포되던 날에 전錢으로 납부하였으며, 납부하지 못한 것이 5말이라고 진술했다. 또한 류홍춘은 매질을 받고 난 뒤로는 문을 굳게 닫고 아예 출입하지 않다가 11월 17일에 병으로 사망하였는데, 무엇이 빌미가 되어 병을 앓게 되었는지는 실로 알 수가 없었다고 했다.

이 조사에 대한 경상 감사의 의견을 요약하면 다음과 같다.

사족士族에게까지 매질을 시행한 것은 공평성이 결여된 형신을 시행한 것입니다. 환곡을 바친 양에 따라 벌의 경중을 정해야 하는데 5말을 납부하지 못한 류홍춘이 많은 양을 납부하지 못한 사람들과 똑같이 매질을 당했습니다. 류홍춘이 형신을 당한 뒤로 20일 안에 사망하였고 김 씨가 또 자기 남편이 죽은 지 보름 뒤에 따라 죽었으니, 무엇이 빌미가 되어 죽었는지 지금 확실하게 증명할 수는 없지만, 마을 사람들과 친척들이 원통하다고 주장합니다. 그의 아들 류정조가 조사하는 뜰에서, 고을 수령을 원수처럼 여기어 말을 가려서 할 줄을 몰랐습니다. 15차례의 매질은 애당초 죽게 할 정도의 형벌도 아니었고 같은 뜰에서 형신을 받은 사람이 모두 30여 인이나 되었으니 해당 부사가 류홍춘만 유독 미워한 것으로는 볼 수 없습니다. 다만 당초에 일을 처리할 때 제대로 헤아리지 못하여 마침내 사건이 벌어졌습니다. 환곡의 상환에 대한 법이 매우 엄중하여 잘 단속하는 것을 높이 사지만, 형정刑政도 막중한데 신중히 하는 뜻이 매우 결여되었습니다.

이에 대한 정조의 판결을 요약하면 다음과 같다.

환정還政을 집행하는 과정에서 형신刑訊의 사용에 재량권을 준 이상 형신을 당한 뒤에 우연히 병을 앓아 사망한 사람을 곧바로 억울하게 죽은 것으로 몰아가기 어렵게 하기 위해서였으며, 한편으로는 백성의 습속이

옛날과 같지 않아서 송사를 제기한 백성의 말만 가지고서 임금이 임명한 수령을 지레 조사하여 처단할 수 없게 하기 위해서였다. …

김이익은 명색이 임금이 임명한 지방관으로서, 흉년에 환곡을 징수하게 되자 사욕을 부리고 화풀이를 할 기회로 삼고서는 상식에 어긋난 행위를 많이 저질러 사람을 억울하게 죽게 하였다. 남편을 따라 자결한 아내의 원통함을 위로하여 풀어 주기 위해, 안동의 사인 류홍춘의 처 김 씨에게는 즉시 예조로 하여금 정려하는 은전恩典을 시행하게 하라. 해당 부사 김이익도 의금부로 하여금 먼 곳에 귀양 보내는 형률刑律을 시행하게 하여, 한편으로는 죄를 뒤집어썼는데도 밝히지 못한 고아孤兒의 애통함을 위로하고, 한편으로는 구천九泉에 떠도는 열부烈婦의 억울함을 위로하며, 또 한편으로는 영남 사족의 마음을 위로하도록 하라.

그러나 류홍춘 사건으로 철산으로 귀양 간 김이익은 두서너 달 만에 풀려났고 다시 관직에 임용되었으나 본인 스스로가 자숙하는 의미에서 사퇴하였다.

안동 류홍춘 사건은 환곡 징수 과정에 지방관이 징수를 서두르다가 납부하지 못한 사람들에게 매질을 하다가 한 양반이 사망한 사건이다. 조선 정부에서 이 사건을 바라보는 시각은 환곡 징수 과정에서 매질을 한 것 자체는 문제가 아니며, 매질을 당한 양반의 사인死因이 매질 때문은 아니라고 보고 있다. 그러나 환곡 징수 날짜가 아직도 남아 있고 납부하지 못한 환곡의 양이 얼마 되지 않는데도 15대의 매질을 가한 것은 지방관의 사적인 감정이 개입된 것을 판단하고 있다. 또한 남편의 사망을 원망하며 스스로 목숨을 끊은 김씨 부인의 정절을 무시할 수도 없었다. 그러므로 조선 정부는 지방관의 통치 행위를 보호하면서도 과도한 법 집행을 문책하고, 남편을 위해 자진한 여인을 열녀로 표창하는 선에서 봉합했다. 이 사건으로 평안도 철산으로 귀양 간 지방관은 서너 달 후에 풀려나왔으며, 편안한 곳으로 귀양 보낸 국왕에게 감사드리고 있다. 이후 지방관은 다시 관직에 복귀했다.

안동은 영남 남인의 중심 지역으로 남인에 대한 배려가 일정 부분 있어야 했고, 또한 조선 후기의 집권 세력인 노론에 대한 배려도 있어야 했기 때문에 어정쩡하게 마무리된 것으로 보인다.

인조반정 이후 서인과 노론 세력이 조선 정치의 주류를 이루어 남인이 소수의 정치 세력으로 남게 되지만, 그 이전에도 남인의 중심지였던 안동 지역에서는 양반들의 위세가 대단했다. 17세기 전반의 관직 생활과 은거 생활에 대한 기록을 남긴 김령金坽의 『계암일록溪巖日錄』에는 경상도 예안禮安과 안동 지역의 상황이 잘 묘사되어 있다. 당시 안동 지역에서는 호강豪强한 풍속이 있어서 환곡의 납부를 제대로 하지 않아서, 여러 해 동안에 미납된 환곡이 큰 폐단이 되었다. 김령은 지방관의 가혹한 환곡 징수에 대해서 비판적인 입장을 취하기도 했지만, 안동 지역에서 환곡을 내어 먹고는 갚지 않고 묵히고 햇수가 쌓여서 큰 폐단이 되었다고 진단하고 있다.

새로 부임한 안동 지방관의 강력한 환곡 징수 의지가 중요했다. 우선 환곡을 납부하라는 명령을 내리고, 독촉하고 그래도 납부하지 않으면 옥에 가두었다. 옥에 갇힌 사람들이 적어도 수백 명은 되어 촌집의 문짝으로 모조리 칼(枷械)을 만들었으나 그래도 부족하여 죄인이 스스로 형구를 마련하도록 했다고 한다. 가두어 곤장을 치고, 곤장을 친 뒤 다시 잡아 가두어 죽는 자가 서로 이어졌다고 한다. 상민은 말할 것도 없고 양반도 많이 옥에 갇혔다.

지방관의 가혹한 환곡 징수가 계속되자 재산이 있는 양반들은 급히 재산을 팔아 환곡을 납부하려고 하였다. 어떤 양반은 160여 섬을 납부해야 했고, 어떤 양반은 60여 섬을 우선 납부하고 나머지는 노비와 조상에게 물려받은 토지를 급하게 싸게 팔아서 미납한 환곡을 납부하였다. 어떤 양반은 조상 대대로 살아온 집을 팔려고 했으나 얼른 살 사람이 없는 경우도 있었다. 여기에서 유의해서 볼 점은 한 해에 받은 환곡이 아니라 여러 해 동안 갚지 않은 환곡을 한꺼번에 납부하는 과정에서 일어난 일이라는 점이다. 갚아야 할 환곡이 100섬이 넘는다는 것은 오랫동안 갚지 않은 환곡의 총량인 것이다.

이처럼 강압적이고 폭력적으로 묵은 환곡을 징수하기 시작하자 12월이 되어서는 안동의 창고는 가득 차서 더 이상 쌓아놓을 곳이 없게 되었다. 그러자 안동 부사는 12월의 반이 지나기도 전에 환곡을 나누어 주고 새해 1월에도 환곡을 나누어 주었다. 안동 부사가 이렇게 급하게 환곡의 징수와 분급을 서두른 것은 교체가 예정되었기 때문이었다. 12월까지 환곡을 납부하지 못한 사람 중에서는 이때 받은 환곡으로 미납한 환곡을 갚기도 했다. 지방관은 창고의 부족도 해결하고 미납된 환곡을 모두 받아들이는 효과를 보기도 했다.

안동 지역의 환곡 징수 과정에서 살펴본 몇몇 사례에서 양반들이 환곡 납부를 제대로 하지 않고 체납하고 있는 사실을 확인했다. 지방관의 강력한 의지로 징수를 강행할 수도 있지만 잘못하면 사고가 나기도 했다. 이런 상황은 안동만의 사례는 아니고 충청도와 남한산성의 환곡에서도 비슷한 사례가 있다. 환곡 징수 과정에서 양반들의 납부 거부는 양반들에게만 시행된 별환別還과 관련이 있는 듯하다.

지방관의 자리가 걸린 환곡 징수 임무

환곡의 수납은 지방관이 그 책임을 지고 있었다. 지방관의 지방 통치는 지방민을 통치할 때 힘써야 할 일곱 가지 사항인 '수령칠사守令七事'를 대표적인 것으로 여기지만 이는 상징적 내용이고 실제로는 세금의 징수가 중요하였다. 조선 정부에서는 원활한 세금 징수를 위해 지방관을 닦달하고 있었다.

17세기 후반에 들어서 조선 정부는 비축 곡물을 확보하기 위해서 공명첩空名帖을 활용하기도 하였다. 공명첩은 성명을 적지 않은 백지 임명장인데 국가의 재정이 궁핍할 때 국고國庫를 채우는 수단으로 사용된 것이다. 특히 흉년이 들었을 때 재원을 확보하기 위해서 중앙에서 지방에 공명첩을 내려보내서 자발적으로 돈이나 곡식을 바치는 사람에게 즉석에서 그 사람의 이름을 적어 넣어 명목상의 관직을 주었다. 이를 통해서 마련한 환곡은 '첩가곡帖價穀'이라고 이름했다. 공명첩을 통해서 마련한 환곡이라는 뜻이다. 또한 지방관에게도 자발적으로 곡식을 비축하라는 지시를 내렸다. 지방관이 지방 재원을 절약하여 곡식을 비축하도록 하고, 지방관 스스로 마련했다는 의미로 '자비곡自備穀'이라고 이름을 붙였다.

자비곡은 본래 지방관이 자발적으로 마련하는 것이었지만 강제성을 부과하여 의무사항으로 만들고 있었다. 그러나 효과가 별로 없자 강제성을 부과하고 자비곡을 마련하지 않으면 처벌하는 규정을 만들었다. 1735년(영조 12)에 다시 한번 자비곡을 설치하라는 강력한 지시가 하달되었고, 지방관에 대한 통제를 강화하기 위하여 다음 해에는 자비곡의 상벌기준을 제정하였다. 자비곡에 대한 상벌규정은 '각 도道에서 가장 우수한 자는 벼슬을 올리고, 꼴찌인 자는 봉름俸廩을 3개월 감하고, 꼴지 중 10섬에 미치지 않는 자는 5개월 감하고, 전혀 준비하지 않은 자는 7개월 감한다'는 규정을 마련하였다.

환곡의 운영에서 지방관에 대한 처벌 규정은 계속 나타나고 있다. 환곡의 분급과 징수는 모두 지방관의 책임이었다. 17세기 후반부터 19세기 후반까지 각종 법전에는 환곡의 징수에 대한 지방관의 처벌 규정이 실려 있는데 점차 강화되는 추세였다. 처벌은 녹봉祿俸과 해유解由에 관계되는 것이었다. 해유란 관리가 물러날 때 후임자에게 사무를 넘기고 호조에 보고하여 책임을 벗어나는 것을 말한다. 또한 환곡의 수납 성적이 가장 꼴찌면 장杖을 치고, 두 번째인 자는 추고推考하고 있다. 추고란 벼슬아치의 죄를 자세하게 캐묻는 것을 말한다. 군량의 경우는 한 단계 높은 규정을 적용하여 가장 마지막에 수납한 수령은 잡아다 심문(拿問)하고 끝에서 두 번째인 자는 장형에 처하고 세 번째인 자는 추고한다고 규정하고 있다. 그 후 이 규정은 정조 대에 편찬된 『대전통편大全通編』에서는 처벌규정이 더욱 강화되어 환곡 수납 성적이 가장 끝인 지방관은 군향곡 처벌 규정과 같이 잡아다 심문한다고 규정하고 있다.

이처럼 환곡을 징수하지 못한 지방관에 대한 처벌이 강화되고 있는 것은 환곡이 증가함에 따라, 환곡 징수가 원활히 이루어지지 못하고 있는 것을 반영한 것으로 보인다. 지방관으로서는 환곡의 징수가 미진할 때는 자신의 지위까지 위협받게 되는 것이다. 일상적으로 각 지역의 감사는 1년에 두 번 지방관에 대한 평가를 하고 있는데, 여러 평가 기준이 있지만 세금 징수가 주요한 평가 기준이 되고 있었다. 그중에서도 환곡의 징수가 중요하게 작용하고 있었다. 상上을 받은 사례를 살펴보면 '환곡을 주고 받아들이는 일에서 칭송이 높다', '환곡 정사가 가장 정교하여 토졸土卒이 모두 칭송한다', '곡식을 모으고 권면하여 환곡을 받아들이니, 백성이 흉년에도 동요하지 않는다', '환곡 장부를 직접 처리하므로 서리胥吏가 농간을 부리지 못한다', '장부를 조사하여 숨겨진 포흠을 찾아냈으니, 고을에 비로소 수령다운 수령이 있도다'라고 평가했다. 환곡을 나누어 주고 받아들이는 데에서 민인들이 불만이 없고 지방관을 칭송하는 경우와 서리들이 농간을 부리지 못하도록 철저히 조사하고 숨겨진 포흠逋欠을 적발한 경우를 높이 평가하고 있다. 하下를 받은 경우는 '환곡을 나누어 주는 일을 아전에게 맡기고 뇌물을 받고 소송을 지체시켰다', '환곡보다 엄중한 것이 없으니, 법대로 하지 않은 것은 두려워할 만하다'라고 평가했다. 지방관이 환곡 운영 규정을 제대로 지키지 않았거나, 직접 환곡의 운용에 개입하기보다는 이서들에게 맡겨서 농간이 발생하고 있는 경우에 낮은 평가를 받았다.

환곡의 징수가 끝나는 12월부터 다음 해 4, 5월 사이에는 감사가 환곡을 제대로 징수하지 못한 지방관의 처벌을 요청하고 있으며 지방관 자신이 스스로 처벌을 요구하는 경우도 있었다.

이처럼 환곡은 국가재정에 관련된 물품이었기 때문에 인수인계에 대한 절차가 규정되어 있었고, 규정에 위반되었을 경우에는 처벌을 받기도 했다. 신임 지방관이 부임한 뒤에 감사가 있는 감영監營에 보고하여 창고 조사를 실시하는데, 이웃 고을의 지방관이 파견되어 함께 조사를 하고 책자를 만들어 감영에 보고한다. 이때 가장 중요한 것이 곡식이었다. 장부의 수량과 실제 창고에 있는 수량을 꼼꼼히 살피는 것으로 국가 보유 곡물을 중시하는 법이라 할 수 있다. 만일 모자라거나 빠진 것이 있으면 전임관이 스스로 책임을 지고, 만일 모자라거나 빠졌는데도 신임 지방관이 보고하지 않으면 신임 지방관이 스스로 책임을 진다. 이웃 고을의 지방관은 창고 조사 때의 증인으로서 참여하는 것이다.

이처럼 환곡의 징수 임무는 지방관에게는 매우 중요한 일이었고 봄철에 나누어 준 액수를 모두 징수하는 것이 목표였다. 1793년(정조 17) 12월 초 삭주朔州에 부임한 노상추盧尙樞는 1794년 여름부터 환곡 징수 업무에 대한 구체적인 기록을 남겼다. 여름에 수확하는 곡식은 여름철 곡식이라는 의미로 '하곡夏穀'이라고 불렸는데 보리가 대표적인 곡물이었다. 6월에는 보리를 거두어들였는데 18일 관아의 창고인 사창司倉에서 보리 환곡을 받아들였고, 다음 날부터는 관아 이외에 설치된 창고, 즉 외창外倉에서 보리 환곡을 받아들이는 일을 하였다. 삭주부의 외창인 북창北倉, 산창山倉 대창大倉, 동창東倉 그리고 역창驛倉에 보리 환곡이 있어서 각 창고의 도감都監이 환곡을 받아들이고는 관아에 와서 부사에게 보고하였다. 이후 8월에는 지방관이 일부 창고를 방문하여 창고 조사를 하여 6월에 받아들인 곡물을 점검했다.

9월부터는 가장 중요한 가을 곡식을 받아들이는 행사를 시작했다. 이때는 여름에 보리를 거둘 때와는 달리 지방관이 직접 외창을 방문하여 징수를 감독했다. 9월 11일에 남창南倉과 대창大倉을 방문하여 환곡을 거둔 것을 시작으로, 10월 4일부터는 역창驛倉·동창東倉·하창下倉·남창南倉·풍창豐倉·대창大倉·산창山倉 등 7개 창고를 돌면서 환곡을 받아들였다. 8일간이나 관아를 비우고 순방할 정도로 환곡을 걷는 일은 중요했다. 비를 무릅쓰고 출발하기도 하고, 한낮에 일을 마치고 다른 창고로 이동하다가 해가 져서 횃불을 밝히고 이동하기도 했다. 저녁이나 밤에는 다음 날 이동할 창고의 감색監色과 면임面任이 찾아와서 인사를 하곤 했다. 10월 12일에는 관아의 사창司倉에서 환곡을 거둔 다음에는 하루씩 외창에 나가거나 사창에서 환곡을 받아들이고 있었다. 10월과 11월이 한창 바쁜 계절인데 10월 29일에는 동짓달에 청나라로 가는 사신인 동지사冬至使 행차의 예물을 점검하는 관리로 임명되어서 가산嘉山으로 출발하게 되었다. 노상추는 환곡을 한창 거두어들이고 있는데 관아를 비우게 되어서 낭패감을 호소하고 있다. 환곡의 징수는 지방관이 직접 감독하지 않고 향리들에게 전적으로 맡겨서는 문제가 발생할 요인이 많았다. 어쨌든 동지사의 일로 보름간 삭주를 떠나 있다가 11월 15일 돌아오는 길에 남창에 들러서 곧바로 환곡을 받아들였다.

다음 날도 남창에 머무르면서 직접 환곡 징수를 감독했다.

12월에는 받아들인 환곡의 액수를 정리하는 작업을 시작했다. 이 역시 외창을 직접 방문하여 창고 조사를 하고 있었다. 12월 8일에는 북창에 가서 창고 조사를 했는데 곡식의 수량을 세고 관아로 돌아왔다. 12월 12일부터 본격적으로 창고를 순회하면서 19일 관아로 돌아오기까지 외창을 모두 점검했다. 이때 불행하게도 노상추는 자신이 파직되었다는 소식을 접한다. 12월 18일 평안 감사의 지방관 평가에서 자신이 '중中'을 받았으며 이로 인해 파직되었다는 소식을 들었다.

노상추는 파직이 되어서 착잡한 심경이었지만 삭주 부사의 직임은 전임관과 후임관이 직접 만나서 직무를 교대하는 자리였기에 여러 가지 곡식 장부를 향리의 손에 함부로 맡길 수는 없었다. 그리고 사적으로 장부를 전해 받는 것은 결코 직무를 제대로 수행하는 것이 아니라고 생각하고 기필코 직접 조사를 다 마치고 관아로 돌아갈 결심을 했다. 이런 마음으로 강행군을 하고 있었다. 대창 조사를 마치고 나니 이미 밤 2경(오후 9-11시)이었으나, 이때 대창을 출발하여 산창으로 향하여 3경(오후 11시-오전 1시)이 되어서야 잠자리에 들었다. 12월 19일에 관아로 돌아온 후에는 21일에서 23일까지 사창에 대한 환곡 조사를 마치고 12월 29일에는 대동고大同庫와 고마고雇馬庫에 대한 창고 조사를 마쳤다.

　지방관의 일상적인 환곡 업무와 지방관의 교체라는 시점이 연말과 맞물리면서 바쁜 일정으로 환곡의 징수와 창고 조사가 연이어 이루어졌다. 앞서 6월에도 보리 환곡을 거둔 다음에 8월에 창고 조사를 하였다. 지방관의 환곡 업무는 환곡의 징수와 창고 조사가 연이어 이루어지고 있음을 알 수 있다. 노상추는 무관武官이었지만 성실하게 직접 창고를 순시하면서 환곡을 받아들이고 다시 그 액수를 점검한 부지런한 관료였다. 또한 흉년이 들지 않아서 환곡의 받아들이는 데에 큰 문제가 없었던 것으로 보인다. 노상추는 이렇게 열심히 환곡의 징수에 힘을 쏟았으므로 12월에는 환곡의 징수를 마무리한 것으로 보인다.

　이와는 달리 흉년이 들었을 때는 환곡을 징수하기가 매우 어려워진다. 흉년이 들지 않더라도 지역민이나 양반들이 환곡의 납부에 순조롭게 응하지 않으면 지방관의 처지는 매우 어려워진다. 앞서 살핀 바와 같이 환곡의 수납 성적이 도에서 꼴찌인 경우에는 감영에 불려 가서 매질을 당하는 수모를 당할 수 있으며, 장부 정리가 제대로 되어 있지 않아서 포흠逋欠이 적발되면 의금부에 끌려가서 문초를 당하는 일이 일상적이었다.

　그러므로 지방관은 자신의 자리를 보존하기 위해서나, 매질을 당하는 수모를 겪지 않기 위해서는 무리하거나 강압적인 방법을 동원하여 환곡 징수를 독려해야만 했다. 지방관은 환곡 징수를 위해서 환곡 납부 지시를 이행하지 않은 사람들을 목에 칼을 씌워 옥에 가두어 두고 매달 세 차례 엄히 형장을 쳐서 징수하였다. 그래도 납부하지 못하면 같은 고을에 사는 친인척에게서 징수하였고, 그래도 안 되면 옆집 사람에게 징수하거나, 이웃이나 일족이 없는 경우에는 동리洞里로 나누어 징수했다.

이처럼 지방관의 환곡 납부 독촉에 가난한 민인들은 땔나무를 팔거나 방아를 찧어서 소득이 생기면 납부하거나, 솥이나 소를 팔아서 납부하기도 하고 심지어는 자신의 농토를 팔아서 환곡을 상환하기도 하였다. 그러므로 환곡을 지나치게 엄격히 징수하는 행위가 계속되면 도망가는 농민들이 속출하여 인구가 감소하기도 했다.

일반 농민들은 지방관의 환곡 징수에 순종하는 반면에 일부 양반은 환곡을 납부하지 않아서 지방관이 면임面任과 이임里任 등으로 하여금 잡아 오게 하자, 그의 종을 시켜서 이들을 구타한 일도 있었다. 이처럼 일부 양반들의 환곡 납부 거부 사태가 종종 일어나자 지방관의 실무 지침서인 목민서牧民書에서는 이런 양반들을 처리하는 사례가 실리고 있었다. 양반들의 환곡 납부 거부에 대해서 지방관이 엄격한 법 집행을 넘어, 과도하게 형벌을 집행하면 양반이 사망하는 경우도 발생하고 있다. 앞서

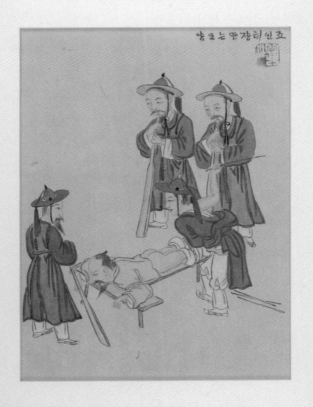
죠인틔잠만는도압

살펴본 안동 하회마을의 류홍춘 사건이 대표적이다. 안동 부사가 환곡을 징수하는 과정에서 의례적인 매질을 했다가 양반인 류홍춘이 사망했는데, 그의 부인이 분함을 참지 못하고 스스로 목숨을 끊어서 크게 문제가 되었다.

4

잡곡, 쌀 이외의 곡식

보리가 풍작이면 곤란해

환곡의 구성 곡물은 다양해야만 한다. 전근대 사회에서 풍흉은 반복되어 진행되므로 봄가물로 벼를 파종하지 못했을 경우에는 다른 곡물을 파종해야만 한다. 그러므로 가을에 환곡을 받아들일 때도 흉년으로 봄에 지급한 곡물과는 다른 곡물로 대신 받아들일 수 있도록 했다. 조선왕조에서 세금으로 징수하는 곡물은 쌀과 좁쌀 그리고 콩이었다. 그러므로 조선 후기의 각종 곡물 관련 자료에서 나타나는 곡물은 쌀, 좁쌀, 콩 그리고 잡곡雜穀으로 표시되어 있다. 세금 징수 곡물은 그 곡물 이름을 분명히 밝히고 세금으로 징수하지 않는 곡물은 잡곡 혹은 여러 가지 곡물이란 의미로 '각곡各穀'이라고 뭉뚱그려 표기했다.

1776년(정조 즉위년)의 기록에서는 전국 8도의 환곡 총액 869만여 섬을 확인할 수 있는데, 전국 곡물 비율을 살펴보면 쌀 21%, 좁쌀 13%, 콩 12% 그리고 잡곡 54%로 구성되어 있다. 이것은 전국 비율이므로 각 도별로 들어가면 이 비율은 달라진다. 논농사가 중심인 삼남 지역에서는 쌀의 비율이 21-39%이고 좁쌀은 극히 소량만 존재하며, 잡곡은 총 비축 곡식의 절반 이상에서 71%의 비율을 차지한다. 북부지방에서는 쌀은 적어지고 밭에서 경작하는 좁쌀이 크게 증가하며 잡곡의 비율이 절반 이상을 차지하고 있다.

환곡 문서에서 잡곡이라고 기록된 곡물 가운데 가장 주목해야 할 곡식은 보리이다. 보리는 여름에 익는 곡식의 대표이다. 여름에 익어서 수확하는 곡식을 '하곡夏穀'이라고 하는데, 하곡의 대표적인 곡물은 보리와 밀이다. 세종 대에 편찬된 우리나라의 농서인 『농사직설農事直說』에서는 보리와 밀은 신구新舊 사이 먹을 것을 이어 주어서 농가에서 가장 급박한 것이라고 했다. 흉년이 들었을 때는 보리를 수확하는 시기까지 무상으로 곡식을 지급하곤 했다. 함경도의 경우, 봄보리가 익는 시기가 고을별로 다르기 때문에 5월 중순, 종순 그리고 6월 초순에 무상으로 곡물을 나누어 주는 사업을 끝내고 있다. 보리를 수확하기 전인 봄철에 먹을 곡식이 없어서 '보릿고개'라는 말이 생겨나게 되었다. 보릿고개는 한자로 '맥령麥嶺'이라고 하며 '춘황春荒', '춘궁기春窮期'라고도 불렀다. 보릿고개에는 채 익지도 않은 보리를 먹는 일도 잦았다. 조선시대의 보릿고개는 1960년대 후반까지 지속되었다.

조선 후기의 조선에서는 흉년이 들었을 때 보리의 중요성이 부각되었다. 흉년이 들어서 굶주린 사람들에게 무상으로 곡식을 지급하다가 보리를 수확하기 시작하면서 무상 지급을 그치고 있었다. 부유한 대농大農의 경우에만 수확한 보리로 새로운 곡식이 나올 때까지 버틸 수 있었으나 이보다 아래인 경우는 수확한 보리로 보름이나 열흘을 버틸 수 있었다고 한다. 비록 보리농사가 풍년이 든 해라도 6월 이후부터 7월 그믐 전까지 한두 차례 환곡을 나누어 주어야 새로운 곡식이 나올 때까지 버틸 수 있었다.

보리는 씨앗을 심는 시기에 따라 봄보리와 가을보리로 나뉜다. 음력 8월 그믐에 파종하고 이듬해 5월 초순에 익는 것을 가을보리라고 하고, 2월 해빙할 첫머리에 심어 5월에 익는 것을 봄보리라고 한다. 남부 지역과 북부 지역에 따라서 보리를 파종하고 수확하는 시기가 차이가 있고, 이에 따른 환곡의 출납도 차이를 보이고 있다. 보리 환곡은 봄보리와 가을보리의 파종

기인 1월과 8월에 종자로 나누어 주고 있었다. 심는 시기는 다
르지만, 수확하는 시기는 크게 차이가 나지 않는 5월이다. 절량
기의 식량인 보리 환곡의 경우, 대체로 6월에 나누어 주고 다음
해 7월에 받아들이고 있다. 환곡 문서에 봄에 환곡을 나누어 주
고, 가을에 창고를 열어 징수한다고 한 것은 가을에 추수하는
곡식을 가리키는 것이다. 가을에 추수하는 곡식이 많아서 봄에
나누어 주고, 가을에 회수하는 것이 환곡의 일반적인 운영 방법
이다. 하지만 가을 곡식보다는 그 액수가 적지만, 보리 환곡은

농번기의 식량이 되므로 조금 부유한 자들 이외에는 남겨서 종자로 삼을 수 있는 사람은 매우 적었다. 또 매번 가을갈이를 할 때가 되면 대부분 환곡으로 나누어 주는 보리에 의지하고 있어서, 보리는 농민들에게 매우 중요한 곡물이었다.

　조선 후기의 봄보리와 가을보리의 재배에는 기후가 많은 영향을 끼쳤다. 기온이 낮은 북부지방에서는 주로 봄보리를 재배했고, 따뜻한 남부지방에서는 가을보리를 재배했다. 평안도의 청천강淸川江 이북에서는 가을보리를 경작하지 않았다. 함경도의 경우, 마천령산맥摩天嶺山脈의 아래쪽인 함경남도에서는 봄보리와 가을보리를 모두 재배하고 있었으나 함경북도에서는 봄보리만을 재배하였다. 겨울철 기온이 너무 낮아서 가을에 파종하는 가을보리는 재배할 수 없었던 것으로 보인다. 특히 함경도는 밭이 많고 논이 적으며 토지가 척박하여서 1년에 한 번 경작하지만, 삼남 지역의 밭에서는 두 번 경작할 수 있었다.

경기도·강원도는 봄보리를 많이 경작하고 있었다. 충청도·전라도·경상도의 경우, 봄보리도 있었지만 주로 가을보리를 재배하고 있었다. 논농사가 중심인 삼남지방에서 가을보리를 주로 재배한다는 것은 벼의 수확이 끝난 후에 논에 보리를 심는 것이 일반화되었다는 것이다. 이것을 가능하게 한 것은 벼의 재배방식이 변화했기 때문이다. 조선 후기에 들어서 모판에 모를 심은 다음 모내기를 하는 방식인 이앙법移秧法이 일반화되었는데, 이 덕분에 모판을 기르는 논을 제외하고는 가을에 보리를 파종할 수 있었다.

쌀농사의 경우 기온과 일조량에 영향을 받는데 경기와 충청도는 모내기 철이 조금 일러서 가을보리를 재배하면 논에 모를 심을 수가 없었다. 충청도 금강錦江 이남부터 전라도와 경상도의 들판의 논에서는 가을에 보리를 심었다가 수확한 뒤에 모내기를 해도 오히려 이르고, 또 보리를 심은 곳에는 반드시 똥거

름과 오줌거름을 주기 때문에 벼에도 매우 이로웠다. 보리와 벼의 이모작을 위해서는 지력을 회복시켜야만 했고, 거름을 주는 것은 필수적인 과정이었다.

보리와 벼의 이모작 과정에는 지주地主와 논을 빌려서 농사 짓는 농민들 사이에 보리 수확물의 분배 문제가 발생했다. 18세 기 후반 이전에는 농민들이 보리 수확물을 모두 차지했으나, 이 후에는 전답이 많은 부자는 보리 수확량의 절반을 주지 않으면 남이 자기 논에 보리를 심지 못하게 했다. 일부 개혁적 사고를 지닌 지식인들은 지방관이 논에 보리를 심는 것을 지주가 금지 하지 못하게 하고 세도 받지 못하게 하자고 주장했다. 논에 보 리를 심을 경우 삼남이 가장 유리하고, 가난한 사람이든 부유한 사람이든 실제로 이것에 의지하는 사람이 많았다. 그러나 만약 논 주인에게 알리지도 않게 하고 이익을 나누는 것도 허락하지 않는다면 가난한 백성이 농지를 빌려 농사짓는 데 불편할 뿐만 아니라 소송이 빈번히 일어나서 시골 마을에 어지럽게 시비가 붙을 것을 우려한 조선 정부는 현실을 인정할 수밖에 없었다.

이처럼 보리 환곡은 농사짓는 동안 먹을 양식이 되고 또한 흉년을 구제하는 데 쓰이지만 만약 그 숫자가 너무 많으면 도리 어 폐단이 되었다. 조선 후기 사회에서 보리는 1년이 지나면 쉽 게 상해서 보관상의 문제가 발생하였다. 또한 절량기 농민의 식량을 위해서 6월에 나누어 주고 다음 해 7월에 거두어들였다. 보리 환곡을 나누어 주고 거두어들이는 기간은 매우 짧았지만, 이 시기는 논농사에서 모내기를 하는 시기와 겹쳤다. 모내기를 해야 하는 바쁜 시기지만 식량을 타기 위해서 한 달에 세 차례 관아를 오가야만 했다. 이런 이유로 18세기 전반 영조 대부터 보리가 많은 일부 지역에서는 보리를 다른 곡식으로 바꾸어 보관하려 했다. 삼남 지역에서는 보리 대신 벼로 바꾸려고 했고, 좁쌀을 주로 경작하는 평안도에서는 조로 바꾸기를 원했다. 벼와 조는 보리보다 보관이 쉽고, 조의 경우 보리보다 곡물 가치가 높아서 액수를 줄일 수도 있었다.

18세기 전반의 영조 대에는 전라도에서 보리로 운용하는 환곡이 많아서 백성들에게 큰 피해를 주고 있다고 어사가 보고하고 있다. 봄에 환곡을 나누어 줄 때 어사가 마을 사이를 돌아다니며 몰래 살폈다. 그런데 보리 태반이 벌레 먹어 사람이 차마 먹을 수 없을 정도였는데도 가을에 이자와 함께 바쳐야 해서 백성들이 괴로워한다는 것이다. 어사는 이에 대한 해결책으로 보리 환곡의 절반을 벼로 바꾸자고 건의했다. 하지만 보리 흉년이 들면 종자곡도 식량도 부족하게 될 것이기 때문에 그대로 두자는 주장도 있었다.

환곡 운영의 기본 원칙은 보유한 곡물의 절반만을 운용하고 나머지 절반은 창고에 두고 흉년에 대비하는 것이었다. 그러나 보리는 보관이 어려웠기 때문에 삼남 지역에서는 절반이 아니라 거의 전부를 나누어 주는 경우도 있었다.

이런 상황을 파악한 국왕 정조는 진지하게 보리 환곡의 운영 개선에 대해 관심을 두었다. 1781년(정조 5) 3월에 인천 부사가 보리 환곡을 모두 나누어 준 행위로 처벌을 받게 되었다. 조선 정부에 보고해서 허락을 받고 창고에 둔 절반의 곡식을 추가로 나누어 주면 문제가 발생하지 않았지만, 지방관이 자의로 더 나누어 주면 지방관이 마음대로 나누어 주었다는 '천분擅分'에 해당되어 처벌을 받았다. 인천 부사를 처벌하는 과정에서 정조는 대신大臣과 여러 신하들에게 보리 환곡의 운영, 특히 절반을 창고에 두고 절반만을 나누어 주는 '반류반분半留半分'의 운영 방식을 개선할 방안에 대해 의견을 요청했다.

영의정을 비롯한 여러 정승과 판서 등이 의견을 나누었는데 보리 환곡은 다른 곡식과 달리 1년만 넘으면 썩고 벌레가 나서 무용지물이 되니 보유한 곡물을 모두 나누어 주는 진분盡分을 하자는 의견이 다수였다. 보관상의 문제 이외에도 환곡을 나누어 주고 받아들이는 기간이 불과 몇 달 사이로 짧다는 점도 지적되었다. 보리 환곡을 운용하는 때가 바로 모내기가 시작되는 시기와 겹치는 문제도 있었다. 그러므로 가을에 수확하는 곡식인 추곡秋穀을 운용하는 것처럼 반류반분半留半分을 하기가 힘들어 지방관들은 잘못된 전례前例를 답습해 거의 모두를 나누어 준다는 이유를 제시했다. 진분盡分 이외의 다른 방안에 대해서는, 법이란 일관되어야 하기 때문에 요량하여 조절하기를 허락한다면 도리어 폐단이 생길 것을 염려하였다. 결국 영의정이 논의를 정리하여 보유 곡물 모두를 분급分給하는 것 이외에는 다른 도리가 없다고 하자, 국왕이 진분하라고 결정했다.

당시 논의 과정에서 절충안으로서 보관상의 문제를 해결하기 위해서 보리가 많은 곳에서는 벼로 바꾸자는 의견이 제시되기도 했다. 이 방안은 이미 일부 지역에서 시행된 적이 있었다. 참석자들은 보관상의 문제를 인식하고 있었으나 보유한 곡물의 전부를 나누어 주었을 때의 위험성에 대한 우려가 있었다. 환곡제도는 흉년을 구제하기 위해 마련된 제도인데 흉년을 구제하는 곡식으로는 보리만 한 것이 없다는 점, 보리가 쉽게 상하지만 종자는 벌레가 먹어 구멍이 생겼어도 능히 이용할 수 있다는 점을 강조하였다. 보리 환곡을 전부 분급했다가 햇보리가 여물지 않았을 때는 종자를 얻기 어려운 근심이 있다고 지적하고 있다. 진분을 했다가 흉년이 들 경우에는 다음번 보리농사의 종자를 확보하지 못할 수 있다고 걱정한 것이다. 그러므로 진분을 하지 말고 보유량을 줄여서 1/3, 혹은 1/4의 곡식을 남겨 두자고 주장한 것이다.

정조 5년 3월에 보리 환곡은 모두를 나누어 주는 것으로 결정되었지만 종자 확보에 대한 문제와 보리 환곡이 많은 지역에서는 분급량이 많아진다는 문제가 제기되었다. 5월에 8도道의 감사에게 보리 환곡에 대해 의견을 구하였다. 결국 보리 환곡은 1/4을 창고에 남겨 두는 법을 정했다. 가을 곡식의 운용 원칙인 절반을 창고에 남겨 두는 것에서 한발 물러나 1/4만을 남겨 두도록 한 것이었다.

이 조치는 보리가 많이 생산되는 삼남 지역에서 보리 환곡이 많아지게 되었고 이를 해결하기 위해서 보리를 벼로 바꾸라는 지시를 내리기도 했고, 보리를 팔아서 돈으로 만들라는 지시를 내리기도 했다. 하지만 이는 임시방편의 조치였다. 결국 1783년(정조 7)에는 여러 도의 보리 환곡을 모두 절반은 창고에 두라는 지시를 내리게 되었다. 가을에 추수하는 곡식과 동일하게 반류반분半留半分의 운용 방식으로 되돌아간 것이었다. 당시에 경기도와 충청도에 흉년이 들어서 곡물을 비축할 필요가 있었기 때문이었다.

보리가 많이 생산되는 삼남 지역에서는 보관상의 이유로 반류반분이 지속적으로 시행되기는 힘들었다. 관행적으로 보유 곡물 전부를 분급하는 경우가 많았다. 그러나 흉년의 조짐이 있으면 비축 곡물을 확보하기 위해서 절반을 창고에 두도록 조치했다.

조선 후기 사회에서 보리는 보관하기 어려운 곡물이어서 기존 환곡의 운용 방법을 적용하지 않고 보유 곡물 전부 혹은 3/4만을 분급하려 한 정조의 시도는 성공하지 못했다. 이는 보리라는 곡물의 특성과 흉년이 들었을 때 비축 곡식을 확보해야만 하는 조선 정부의 입장이 상충되었기 때문이었다. 그리고 보리 환곡을 많이 나누어 주면 그 이자가 많아져서 보리 환곡이 증가하는 문제가 발생했다. 이를 해결하기 위해서 보리를 다른 곡식으로 바꾼다거나 돈으로 만들어 보리 환곡을 줄이려고 했지만 한편 풍년이 들면 보리 환곡이 증가했다. 결국 보리 환곡은 풍년이 들어도 걱정, 흉년이 들어도 걱정인 곡물이 되었다.

흉년이면 찾게 되는 메밀

여름철에 시원하게 먹을 수 있는 음식으로는 냉면과 막국수를 뽑는다. 냉면은 평양의 물냉면과 함흥의 비빔냉면이 유명하다. 막국수도 물막국수와 비빔막국수가 있고 강원도가 유명하다. 냉면과 막국수의 재료는 메밀이다. 조선시대의 메밀은 심한 가뭄이나 추위에 잘 견디면서 생육기간이 짧아서, 가뭄이 들어서 모내기를 못 할 때 대신 파종하는 곡식으로 사용되었다. 메밀은 기온이 낮고 토양이 척박한 산간지대에서 많이 재배되었다. 함경도, 강원도, 평안도 등지에서 많이 지배되었다. 조선시대의 환곡은 종자를 비축하는 역할도 하고 있었기 때문에 토질에 상관없이 비상시를 대비하여 대신 파종할 메밀 종자를 가지고 있었다.

15세기 말의 경기도에서는 메밀을, 줄기와 잎을 모두 먹을 수 있는 구황 곡물로 생각했다. 또한 가뭄으로 논에 종자를 심지 못한 삼남 지역에서도 메밀을 심도록 권장하고 있었다. 18세기 후반의 충청도 예산에서도 흉년이 들었을 때, 나무껍질과 메밀을 버무려 밥을 짓는데, 그 달콤하기가 냉이와 같다고 했다. 굶주리지 않은 사람은 그것을 보고 토하려고 하지만, 하루에 한 끼도 먹지 못하는 사람들에게는 훌륭한 식사인 것이다.

비축 곡식이 부족했던 15세기 후반의 조선에서는 흉년에 대한 대책을 각 지역에 내려보낼 때, 곡식의 이전을 지시할 수는 없어서 구황작물을 제시하는 경우가 종종 있었다. 구황작물이란 주식으로 먹는 곡물 대신 먹을 수 있는 농작물이다. 당시에는 메밀과 무 등이 주로 활용되었다. 이런 구황작물은 18세기 후반에도 제시되고 있다. 흉년에 기근을 구제하는 공이 서쪽 지방의 토란이나 남쪽 지방의 고구마보다 월등히 나은 것은 오직 메밀이라고 했다. 조선 후기에는 평안도에서는 토란, 충청도·전라도·경상도 지역에서는 고구마가 구황작물로 활용되었던 것으로 보인다.

세종世宗 때 농업을 발달시키기 위해서 전국의 농촌에 관리를 파견하여 실제 농사의 기술을 물어보게 하여서 우리나라 실정에 맞는 『농사직설農事直說』이란 농업 기술서를 편찬했다. 정조正祖도 농업의 진흥을 위해 전국에 농사일에 대해 의견을 구한 적이 있는데, 병든 소를 고치는 약으로 메밀이 등장하고 있다. 당시 소의 질병인 우역牛疫이 유행하고 있어서 소가 죽는 경우가 많았다. 소 한 마리 값이 수십 냥은 되어 가난한 백성 한 집의 재산보다 많았다고 한다. 소가 병들어 죽으면 농사도 망치고 집까지 망하기 때문에 병든 소에 대한 치료법이 등장한 것이다. 메밀대 혹은 메밀 끓인 물을 먹이면 소의 질병 치료에 좋다는 의견들이 있었다. 메밀만을 처방한 것이 아니라 솔잎, 버들잎 등을 함께 먹이거나 파초 뿌리의 즙, 차조기 담근 물 등을 함께 먹이는 방법인 것이다. 어쨌든 조선시대의 메밀은 구황작물과 병든 소의 치료제로 역할을 하고 있었다.

메밀은 평야가 아니라 산골짜기에서 재배했다. 함경도에서도 재배하고 있었지만 특히 삼수와 갑산에서 많이 재배했다. 북방 지역은 산천이 험하고 지세가 황폐한데, 삼수와 갑산은 그 가운데 더욱 심했다. 이들 지역은 압록강 강가의 산이 높고 물이 차가운 곳이기에 봄이 늦게 오고 가을이 일찍 들어 척박하여 오곡五穀이 자라지 못하여 단지 메밀과 귀리를 심는다고 한다. 또한 함경도의 환곡은 귀리와 메밀 그리고 수수와 같은 겉곡식이 많았다. 강원도도 메밀이 본래 토질에 맞는 곡물이라 많이 재배되었다. 그러므로 흉년이 들었을 때 메밀 종자가 부족하면 강원도 메밀을 옮겨 줄 것을 요청하는 요구가 많았다.

함경도와 강원도 그리고 평안도 지역에서는 메밀과 귀리 등의 밭곡식이 많이 재배되고 있었고, 환곡으로 비축되었다. 조선 정부의 세금 징수는 쌀과 좁쌀 그리고 콩으로 징수하고 있었다. 그러므로 곡물 장부는 쌀 중심으로 기록되었다. 그러나 밭곡식이 중심인 지역에서는 쌀보다는 밭곡식이 훨씬 많았다. 또한 흉년으로 환곡을 다른 곡물로 대신 징수하라는 명령이 내리면 밭곡식인 귀리와 메밀 등으로 납부하기 마련이다. 특히 함경도와 평안도에서는 이런 현상이 두드러졌다. 쌀과 귀리와 메밀은 가치가 다르기 때문에 쌀을 다른 곡식으로 대신 걷으면 그 액수가 크게 불어났다. 이런 장부상의 불일치를 지방관이 보고한 것을 살펴본다.

삼수·갑산의 환곡 곡식은 장부와 틀리는 것이 많습니다. 신은 쌀로 환산하는 것에 대하여 구구한 소회가 있어 감히 아룁니다. 군량은 사체가 중대하여 다른 곡물과는 다름이 있습니다마는 신이 삼수·갑산에서 조사하니 본 고을의 문서가 비변사와 감영의 문서와는 크게 틀렸습니다. 비변사와 감영에는 쌀로 되어 있는 것이 본 고을에는 잡곡으로 되어 있고 비변사와 순영에는 10섬인 것이 본 읍에는 30-40섬으로 되어 있습니다. 환곡 곡식 이름과 곡물 액수가 절절이 서로 틀려서 반드시 쌀로 환산하는 법(折米法)으로 환산하고서야 비로소 틀리지 않는다는 것을 알았습니다.

삼수와 갑산에는 귀리와 메밀이 많은데 비변사와 감영의 문서에는 쌀로 기록되어 있어서 차이가 난다는 것이다. 조선시대 호조에서 정한 곡식 환산 비율을 보면 쌀 1섬은 메밀 3섬 8말 5되 5홉으로 교환했다. 쌀과 메밀은 약 1:3.57의 비율이 된다. 1섬은 15말이고, 홉으로 환산하면 1500홉이다. 메밀과 귀리는 같은 가치를 가진다. 쌀이 10섬이라면 메밀이나 귀리로는 35섬 10말 5되가 되니, 10섬이 30-40섬으로 되어 있다는 지적이다. 함경도에서 가장 많은 곡식이 귀리이므로 쌀로 기록했을 때보

그림 9 양기훈, 〈밭갈이〉, 국립중앙박물관 소장

다 3배 이상의 액수가 증가하는 것이다. 잡곡이 증가할 경우, 쌀에 비해 곡물의 액수가 증가하기 때문에 창고가 부족하여 건물 밖에 쌓아 두는 경우도 발생하고 있다. 이럴 때는 곡물의 감소도 염려해야만 했다. 잡곡이 많은 함경도, 강원도 등의 지역에서도 메밀 등의 곡식이 모든 고을에서 토질에 맞는 것은 아니었다. 토질에 맞지 않지만 환곡으로 비축하고 있기 때문에 납부할 때는 먼 곳에서 사다가 바치는 경우도 있었다.

조선의 북쪽 산간 지역에서 잘 자라는 메밀은 농업의 중심지인 삼남지방에서는 재배 면적이 크지 않았다. 그러므로 종자로 비축하고 있는 액수도 미미한 수에 불과했다. 18세기 후반 전라도의 경우, 논농사 중심 지역으로 환곡의 대부분이 쌀과 벼로 구성되어 있었다. 18세기 말에 가을에 수확한 곡식으로 나누어 준 환곡은 120만여 섬이나 되는데 쌀은 41%, 벼는 56%였다. 나머지 3%가 콩과 메밀 그리고 녹두와 겉곡식이었다. 녹두와 겉곡식은 5섬 이하로 없는 것과 같았고 콩이 3% 그리고 메밀이 0.3%였다. 메밀을 나누어 준 액수는 4천 1백여 섬에 불과했다. 경상도의 경우, 전체 환곡 약 213만 섬 가운데 메밀은 1만 4천 섬 정도로 전체 환곡의 0.6%에 불과했다. 평상시에는 크게 사용할 일이 없지만 흉년이 들어서 다른 곡식을 대신 파종할 시기가 오면, 메밀 종자를 구하느라고 분주해지기 마련이다.

메밀에 대해 가장 애착을 보인 임금은 정조이다. 1798년(정조 22) 5월 말에 경기도와 경상도에 가뭄이 들어서 메밀을 대신 파종하는 문제를 논의했다. 당시 광주廣州 유수留守는 광주 지역이 산이 적고 들판이 많아서 성급하게 다른 곡식을 파종했다가 비가 충분히 내리면 파종한 곳이 물에 잠겨서 메밀 농사를 망칠 수 있다고 우려했다. 건조한 지역에서 자라는 메밀을 평지에 심었다가 많은 습기로 농사에 실패할 것을 걱정한 것이다. 메밀로 확정해서 대신 파종하지 말고 토질에 맞게 하면서, 많은 사람이 원하는 곡물을 파종하자고 건의했다.

정조는 당연히 이 청원을 허락했지만, 화성華城 유수에게 다른 곡식으로 파종할 것을 지시하면서 메밀을 추천하는 이유를 길게 설명했다. 메밀이 대신 파종하기에 가장 알맞은 것은 늦게 씨를 뿌려도 일찍 익기 때문이라고 했다. 피(稷)가 비록 습한 땅을 좋아하는 성질이 있고 파종에서 수확까지 100일 정도면 되지만 한로寒露가 80여 일밖에 남지 않았으니 미처 잘 익지 못할 것은 아주 확실하다고 했다. 게다가 늦피(晚稷)의 종자는 귀하기가 금金과 같아서 창고에도 분급할 것이 없고 민간에도 비축해 둔 것이 없으니, 메밀밖에 없다는 논리이다. 메밀은 파종하고 50일이면 능히 열매를 맺어서 늦게 파종하여 일찍 익는 효과가 있으니 때맞추어 파종한다면 조금이나마 굶주림을 구제하는 방책으로 삼을 수 있다는 것이다.

경기지방의 지방관과 농민들이 논은 습한 땅이라 비가 많이 내리면 메밀 종자가 녹을 것이라고 불편함을 토로한 것에 대해서는, 지대가 높고 건조하여 모를 내지 못한 곳 또한 구릉이나 밭두둑 사이 세금도 내지 않는 불모의 땅을 일구어 메밀을 심으라는 의도였다고 설득했다.

정조의 메밀에 대한 집착은 계속되었다. 8월에 가서 모든 고을에 대신 심을 수 있는 메밀을 갖추라고 지시를 내린다. 국왕 정조의 강력한 메밀 비축 의도를 확인한 우의정은 올해 메밀 종자가 곳곳에서 부족해 옮기는 때 폐단이 많았고, 종자가 부족하여 파종할 수 없는 경우도 있었다고 반성했다. 머지않아 추수를 하고 환곡을 받아들이는데 종자의 양을 짐작하여 고을마다 예비의 수요를 비축하고, 혹시라도 메밀이 적합하지 않은 토지라면 그 토지에 맞는 곡물을 환곡으로 운용해야 할 것이라고 보고했다. 현재 환곡 장부에 메밀이 없는 고을은 다른 곡식으로 메밀을 바꾸어 비축해야 한다고 했다. 정조는 우의정의 건의에 따라 메밀을 종자로 비축하라는 명령을 전국에 내렸다.

이후 지방관을 감찰하는 과정에서 대신 파종할 종자를 비축하라는 명령은 다른 곡식에 비해 더욱 신경을 써야 하는데, 메밀을 비축하지 않고 다른 곡식으로 대신 거두어들인 평안도 철산鐵山 부사를 처벌했다.

이처럼 정조의 강한 의지가 관철되어 전국의 고을에는 대신 파종할 곡식인 메밀의 종자가 비축되었을 것이다. 그러나 메밀은 보관에 문제가 있었다. 보리와 마찬가지로 1년 이상 보관하면 부실해져서 사용할 수가 없었다. 정조의 강력한 의지로 전국에 메밀이 비축된 지 10년 만인 1808년(순조 8)에 화성부에서 메밀이 폐단이 된다고 보고하고 있다. 1798년(정조 22)에 가뭄 때 대신 파종하기 위해 산골 고을에서 490여 섬을 옮겨 왔는데, 고을의 토양이 메밀에 맞지 않아 보탬이 안 된다고 호소했다. 메밀의 절반을 벼로 바꾸고, 나머지 절반은 모두 분급하는 것이 좋겠다고 했다. 메밀은 한 해만 지나도 빈번히 썩고 상해서 모두 분급하자는 논리였다. 이 건의는 국왕인 순조에 의해 허락되어 시행되었다.

조선 정부의 입장에서는 흉년에 대비해 대신 파종할 수 있는 종자곡을 모든 고을이 조금씩이라도 갖추기를 원했다. 그래야만 흉년이 들었을 때 먼 거리에서 대신 파종할 곡식을 가져오지 않아도 되었기 때문이다. 그러나 평상시에는 토질에 맞지 않으면 관리가 어려웠다. 평상시의 편함을 추구할 것인가 아니면 비상시를 대비하여 불편함을 감수할 것인가의 문제인 것이다. 환곡의 본래 목적이 농량과 종자의 보관과 지급이다. 조선 정부는 흉년에 대비하여 환곡을 비축하고, 지역 간의 풍흉에 따라 거리가 먼 지역까지 곡물을 옮기기도 하였다. 국가가 비축 곡물을 관리하면서 전국적인 흉년에 대비한 것이다. 흉년이 크게 들지 않으면 도道 안에서 해결을 하고, 크게 흉년이 들면 도 단위의 곡식 이동이 이루어졌다. 이렇게 이전을 전제로 한 환곡은 함경도의 교제창交濟倉이 대표적이고, 삼남 지역에서는 제민창濟民倉이 있었다. 그러나 이전을 목적으로 한 이런 창고는 유지와 운영을 하는 데 많은 노력이 들어야만 했다. 주변 농민들이 환곡을 출납할 때 먼 거리를 이동하여야 했기 때문에 불편함도 수반되었다. 산성山城에 비축한 군량미도 마찬가지였다. 환곡의 본래 목적에 충실하기 위해서 불편함과 농민들의 수고를 요구할 것인가, 민의 편의를 우선할 것인가는 항상 선택해야 하는 문제였다.

산골짜기에서 잘 자라는 귀리, 함경도의 주식

1787년(정조 11) 7월 함경도 갑산甲山 지역의 진동보鎭東堡에 부임하려고 서울에서 내려온 노상추盧尙樞는 호린역呼獜驛의 10여 리를 지난 지점에서 마중 나온 진동보의 군사들과 만났다. 군사들이 귀리(耳牟)로 만든 술 한 병과 삶은 닭 한 마리의 단출한 상으로 노상추를 대접하자, 그는 헛웃음을 지었다. 지난밤 호린역에서 묵을 때 귀리로 차린 밥상을 받았는데, 그 냄새 때문에 제대로 식사를 하지 못했기 때문이었다. 경상도 출신의 무장武將 노상추가 귀리와 대면하는 장면이다. 이후 진동에서 근무하면서는 아침저녁으로 조밥과 보리밥으로 식사를 했다. 노상추가 받는 월봉月俸은 약간의 귀리와 보리에 지나지 않아서 오래 근무해도 경제적 이득을 얻을 수 없었다. 삼수와 갑산 같은 산골 지역에서 재배하는 곡물이 귀리와 메밀, 보리 등의 잡곡이 주류를 이루었기 때문이었다. 이를 만회하기 위해서 변장邊將들은 이 지역에서 살고 있는 담비의 가죽을 군사들에게 강제로 징수하는 폐단이 발생하기도 했다.

노상추는 약 30개월을 근무하다가 서울의 훈련원 주부訓鍊院 主簿로 옮겨 갔다. 갑산 지역에는 군사시설인 4개의 진鎭과 보堡가 있었는데, 그중에 한 곳인 진동을 노상추가 담당했다. 비록 무장이지만 진동보의 군사들에게 환곡을 운영하는 것은 노상추의 책임이었다. 그러므로 노상추는 귀리와 보리 그리고 메밀 등의 곡식농사에 대해 많은 관심을 기울여야만 했다. 음력 3월 초에도 산에 눈이 많이 쌓여 있고 추위가 심해서 한식에 보리를 심지도 못할 것 같다는 걱정, 큰 가뭄으로 5월 초가 되어서

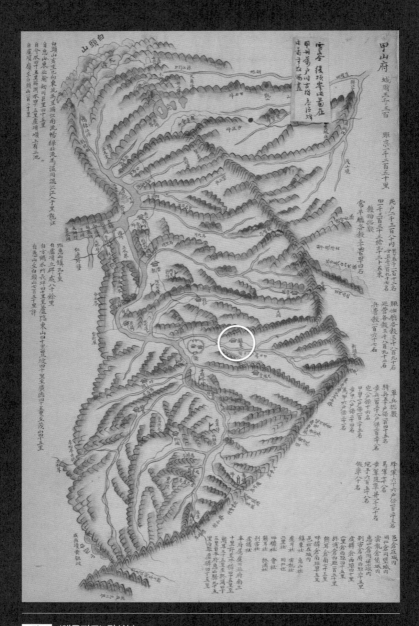

그림 10 〈해동지도〉 갑산부, 서울대학교 규장각한국학연구원 소장

지도의 중앙에 관아가 있고, 그 오른쪽에 노상추가 근무했던 진동보_{鎭東堡}이 있다.

야 귀리와 메밀을 심고는 농사의 상황을 걱정하고 있었다. 봄에는 종자를 나누어 주는 것은 물론이고 7월이 되면 보리와 귀리 환곡을 거두어들여야 했으며 11월에는 가을에 추수한 곡식을 징수하고 문서를 마감해야 했다. 흉년이 들면 12월에 백성들의 힘을 덜어 주고 한편으로는 새해를 맞이하는 음식으로 삼을 수 있게 곡식을 나누어 주는데 이런 환곡을 세식歲食 혹은 세찬歲饌이라고 했다. 이듬해 2월이 되어서는 다시 귀리와 보리 종자를 분급하는 것으로 환곡 업무를 시작했다. 군사 업무 이외에 일반 행정 업무에서 환곡의 운영이 큰 부분을 차지하고 있었고, 환곡 징수 업무는 매우 중요하여 제대로 징수하지 못하면 지위를 유지할 수 없었다.

귀리는 추위에는 약하나 냉습한 기후나 척박한 토양에 대한 적응성은 강하며, 조선시대에는 강원도·평안도·함경도의 산지에서 주로 재배되었다. 지금이야 귀리가 다이어트 식품으로 각광을 받고 있지만 조선시대의 귀리는 천한 곡물 취급을 받았다.

귀리는 조선시대에 중요한 작물은 아니었다. 조선 전기의 농서인 『농사직설』과 18세기 전반까지 활동했던 홍만종洪萬宗의 『산림경제山林經濟』에서는 귀리가 나타나지 않는다. 18세기 후반까지 활동했던 실학자 이익李瀷의 『성호사설星湖僿說』에 이르러서야 보리 항목에서 보리와 밀과 함께 귀리를 소개하고 있다.

경기도나 충청도에서는 귀리를 기피하지만 함경도에서 가장 중요한 곡물은 귀리였다. 귀리는 보리 종류의 하나로서 함경도 지역에서는 많이 재배하지만, 삼남 지역에서는 그렇지 않아서 국왕들에게는 생소한 곡물이었다. 함경도에 흉년이 들면 강원도와 경상도의 환곡을 옮겨서 구제하곤 했다. 경상도에 기근이 들면 함경도의 곡식을 옮기기도 했다. 17세기 후반 현종 대에 함경도에 기근이 들어서 곡식 이전을 논의하는 자리에서 국왕 현종은 귀리를 피와 비교하면 어떤 곡물인가를 물었다. 피에 대해서는 알고 있지만 귀리는 잘 모르는 입장인 것이다. 국왕의 질문에 대해 귀리는 비록 피만은 못하지만 술을 빚기에 충분하고 음식을 만들기에 충분하며, 풀이나 푸성귀와 잘 어울려서 기근을 구제할 수 있다고 대답했다. 귀리가 피보다는 못하지만 함경도에서 많이 재배되고 그 지역에서 소비되는 곡식이므로 기근을 구제할 수 있다는 것이다.

18세기에 들어서 영조는 귀리에 대해 세 차례나 질문하고 있다. 귀리를 잘 모르기 때문에 함경도에 흉년이 들어서 곡식을 이전하는 논의가 있을 때마다 반복적으로 질문한 것이다. 첫 번째는 귀리는 어떤 곡물인가, 형편은 어떠한가, 보리와 비교하면 어떤가 등의 질문을 했다. 이에 대해 보리의 한 종류이고, 껍질까지 먹기 때문에 기근을 구제할 수 있고, 보리 1섬과 귀리 2섬이 맞먹는다고 대답했다.

두 번째는 귀리는 서울 사람도 먹는가, 그 모양은 어떤가라고 질문했다. 이에 대해 보리와 비교하면 비록 가늘지만 오랫동안 밥을 짓는다면 맛이 보리보다 낫다고 대답했다. 서울 사람이 먹는가에 대한 대답이 없지만, 서울에는 귀리가 별로 없어서 먹지 않았을 것이다.

세 번째는 영의정이 함경도는 평소 모두 껍질을 벗겨 내지 않은 겉곡식인 피곡皮穀을 먹었다고 하자, 영조는 귀리도 겉곡식을 먹는가라고 반문했는데 그렇다고 대답했다. 영의정은 감사가 보고한 내용이라며 간혹 실제보다 지나친 말이 있고, 반드시 그와 같지는 않을 것이라고 한발 물러서는 듯한 모습을 보이기도 했다. 흉년의 참혹함을 강조한 부분이 있다는 것이다. 영조는 함경도 백성들이 쌀을 먹고 위가 상하게 될까 염려된다는 걱정을 하고 있다. 이후 영조는 귀리에 대해 더 이상의 질문을 하지 않는다. 함경도의 주식인 귀리에 대해서 완전히 파악한 것이다.

조선왕조의 관료들은 귀리가 단위 면적당 소출이 적고 늘 먹는 음식이 아니기 때문에 쓸모가 없다고 해도 무방하니 쌀로 바꾸어 거두면 백성들이 좋아할 것이라고 말하고 있다. 그러나 이것은 귀리를 잘 모르는 서울 사는 사람들의 입장으로 보인다.

1777년(정조 1)에 경흥에 부임했던 홍양호의 기록에 따르면 이곳 사람들은 조밥을 먹는 것도 드물어 기장과 귀리로 죽을 끓여 먹지만, 사람들의 힘이 세고 발걸음이 힘차다고 했다. 또 곡식은 기장·피·조·보리·밀·귀리 등이 잘 자란다고 한다. 함경도에서 경작하는 것은 귀리뿐이라고 할 정도로 가장 많이 경작하는 곡물인데 늘 먹지 않을 수가 없는 것이다. 삼수와 갑산에서도 생활의 자료가 되는 것은 귀리와 메밀 등의 곡식이다.

조선 정부에서 귀리를 하찮게 생각하는 이유는 잡곡이기 때문이다. 국가를 운영하기 위해 징수하는 세금의 곡물은 앞에서 살핀 바와 같이 쌀·좁쌀·콩이었고 나머지는 잡곡으로 처리하고 있다. 특히 귀리는 북부지방의 산골 지역에서 주로 재배하는 곡물로 남쪽 지역에서는 흔하지 않은 곡물이었다. 18세기 후반 영조 대에 함경도 환곡의 곡식 내역을 기록한 자료가 전해지고 있다. 함경도 지역에서 가장 큰 비중을 차지하고 있는 곡물은 귀리로 24%의 비율이고 보리가 16%, 좁쌀과 피와 콩이 각각 13%, 수수쌀이 7%를 차지하고 있다. 쌀은 1% 이하이고 벼를 합해도 5%가 안 된다. 함경도의 비축 곡물은 귀리, 보리, 좁쌀, 피, 콩의 5가지 곡물이 거의 80%를 차지하고 있어서 이 곡물들이 중요하게 취급되었을 것으로 보인다. 이 가운데 매조미쌀(造米)과 좁쌀 그리고 콩은 함경도에서 전세田稅로 걷는 곡물이므로 나머지 귀리와 보리 그리고 피가 농민들의 생활과 밀접한 관련을 맺는 곡물이며 함경도 지역의 주식으로 볼 수도 있을 것이다. 어림으로 말할 때는 함경도는 귀리를 주로 재배한다고 하지만 실제로는 함경도 비축 곡물의 1/4 정도의 비중을 차지하고 있었다. 이는 함경도 전체를 살펴본 것이고 함경도를 구분하여 살펴보면 함경북도와 함경남도의 곡식 비중이 달라진다.

함경도에서 주로 재배하는 곡식이 귀리였지만, 삼수와 갑산은 특히 많이 재배했다. 함경도 지역은 산천이 험하고 지세가 황폐한데, 삼수와 갑산은 그 가운데 더욱 심해서 단지 메밀과 귀리를 심을 뿐이라고 했다. 이 지역은 여름에 서리가 내리고 가을에 눈이 내려서 1년에 한 번밖에 경작하지 못하였다. 일찍 추위가 닥치고 봄철은 늦게 오는 지역이었다.

조선시대 밭농사의 경우, 1년에 2번 농사를 짓고 있어서 흉년이 들었어도 세금을 감면하지 않는 것이 원칙이었다. 그러나 이 지역은 지세가 높고 기후가 추워서 곡식이라고는 귀리뿐인데, 때로는 7월에 서리가 내려서 이것마저 전혀 수확하지 못할 적도 있어, 식생활의 어려움은 함경도 다른 지역보다도 크다고 보고한 경우도 있었다.

삼수와 갑산의 곡식 비중은 귀리가 62%, 좁쌀이 10%, 메밀이 8%였다. 세 곡물이 전체 곡물의 80%를 차지하고 있는 것이다. 갑산과 삼수를 비교하면 또 달라진다. 갑산에서는 전체 곡물의 66%가 귀리였고, 삼수는 51%가 귀리였다. 지역에 따라 곡식의 비중이 달라지고는 있지만 귀리가 가장 많이 비축된 곡물이라는 것은 변화가 없다.

함경도의 경우, 인구수에 비해 환곡의 총량이 많은 것은 전세를 서울로 보내지 않고 각 고을에 비축하여 군량에 대비하고 있었기 때문이다. 이 외에 귀리와 잡곡이 많은 것도 환곡 증가의 원인이 되었다. 귀리 등의 잡곡이 증가하는 원인은 크게 두 가지로 파악할 수 있다. 18세기 전반의 경우, 함경도의 환곡은 귀리와 쌀·콩을 절반씩 섞어서 쓰는데, 비용을 지출할 때는 대부분 쌀과 콩을 써서 귀리만 남는다는 것이다. 이 외에도 흉년이 들어 봄에 환곡으로 나누어 준 곡물을 징수할 수 없을 때는 다른 곡식으로 대신 징수하게 되는데 이 과정에서 실곡實穀이 모조리 귀리와 잡곡으로 바뀌게 된다. 실곡과 잡곡의 가치가 다르기 때문에 실곡을 귀리로 징수하면 곡식의 수량은 증가할 수밖에 없었다.

18세기 후반 삼수와 갑산의 환곡 장부를 조사했는데 문서상의 액수와 창고에 있는 곡식의 숫자가 크게 차이가 났다. 비변사와 감영의 문서에는 쌀로 기록되어 있었지만 삼수와 갑산의 창고에는 잡곡이 있었고, 그 액수도 크게 차이가 났다. 호조에서 정한 곡물 환산식에 의하면 쌀과 귀리와 메밀의 비율은 약 1:3.57이다. 함경도에서 가장 많은 곡식이 귀리이므로 쌀로 기록했을 때보다 3배 이상의 액수가 증가하는 것이다. 이런 현상은 함경도뿐만 아니라 평안도에서도 나타나고 있다. 잡곡이 많이 생산되는 지역에서는 동일한 현상이 나타나고 있었다.

각종 곡식을 쌀로 환산하는 규례規例는 본래 호조에서 정하여 호식戶式이라고 부른다. 그러나 산골의 고을과 해안의 고을은 심고 거두는 것이 각각 달라서, 곡식의 가치가 호조에서 정한 규정과는 일치하지 않는 경우가 있었다. 함경북도 지역은 귀리 3섬으로 쌀 1섬과 바꾸고, 삼수와 갑산은 귀리 4섬으로 쌀 1섬과 바꾼다. 호조에서 정한 규례로 하면 쌀 1섬으로 귀리 3섬 8말 5되 5홉과 바꾼다. 호조의 규례와 다른 것을 토식土式, 본토식本土式이라고 한다. 토식에서 호식보다 잡곡의 가치를 높게 잡고 있는 이유는 함경도 지역에서 주로 먹는 곡식이었기 때문이다. 함경도에서는 이처럼 3가지 규정이 있었으므로 잡곡을 쌀로 만든다거나 다른 곡식으로 전환할 때 혼란이 발생하였다. 이 과정에서 중간 착복이 발생하기도 하였다.

함경도에서 가장 많이 비축된 귀리는 환곡으로 운영되면서 일부 고을에서는 지나치게 많이 분급되기도 하였고 일부 지역에서는 토질에 맞지도 않아서 폐단이 발생하기도 하였다. 귀리가 토양에 맞지 않은 고을의 민가에서 귀리를 심는 이유는 단지 귀리가 환곡이기 때문이었다. 환곡의 곡식으로 귀리가 있으므로 봄에 받은 귀리를 가을에 납부하기 위해서는 귀리 농사를 지어야만 했다. 동일한 면적에서 귀리보다는 조와 피의 생산량이 2배가 되지만 환곡으로 받은 귀리를 상환하기 위해서는 어쩔 수 없이 귀리 농사를 지어야 한다는 말이다. 또한 귀리는 보관이 쉽지 않아서 봄에 환곡으로 받은 귀리를 그대로 쌓아 두었다가 가을에 상환할 때 키질을 해서 썩은 곡식을 떨어내면 1섬이 4, 5말에 불과하게 된다고 한다. 그러므로 기름진 밭에 귀리를 심는 경우가 많아진다는 것이다. 보관이 어려운 귀리를 납부하기 위해서는 생산성이 더 좋은 피나 조를 농사짓지 못하고 귀리 농사를 지어야 한다는 것이다. 이를 해결하는 방법은 가을에 환곡을 징수할 때 귀리 대신 다른 곡물을 징수하는 것이었다. 그러나 귀리가 함경도에서 가장 많이 경작되는 곡물이었기 때문에, 흉년이 들었을 때 환곡으로 분급한 곡물을 징수하지 못할 때는 귀리로 징수할 수밖에 없는 상황이었을 것이다. 이런 점으로 인해 귀리의 비중을 감소시키려는 노력은 쉽지 않았다.

5
___

환곡의 위기가
깊어 가다

밀린 환곡을 탕감하지 않으면 벌어지는 일

　조선시대의 환곡은 농량과 종자로 곡물을 내주었다가 가을에 10%의 이자를 덧붙여 징수했다. 그러나 큰 흉년이 들면 토지가 없는 굶주린 농민들에게는 무상으로 식량을 주어 목숨을 유지시키고, 다른 지역으로 떠돌지 않도록 했다. 이때 사용한 곡식도 환곡으로 충당하였다. 이처럼 흉년이 들었을 때는 원칙적으로 토지를 소유한 농민들에게는 환곡을 지급하고 토지가 없는 굶주린 사람들에게는 무상으로 곡물을 나누어 주었다. 그러므로 환곡을 받는 사람들이 무상으로 곡식을 받는 사람들을 부러워하기도 했다. 또한 흉년으로 추수한 곡식이 적을 때는 봄에 나눠 준 환곡의 징수를 연기해 주기도 했다. 연이어 흉년이 들면 환곡의 징수는 더 어려워졌다. 환곡을 받아먹은 농민이 사망한다거나 환곡 빚을 갚지 못하고 도망가서 징수할 대상이 사라지면, 환곡의 징수는 불가능하게 된다.

조선 정부에서 흉년으로 인해 나누어 준 환곡을 탕감한다는 지시나 징수를 다음 해까지 연기한다는 명령이 없을 경우, 지방관은 환곡을 징수해야만 했다. 징수할 대상이 사라지거나, 너무 가난해서 환곡을 징수할 수 없는 경우에는 친족에게 대신 징수하거나 이웃에게서 징수하는 방법을 쓰기도 했다. 자연재해가 반복되는 조선시대에는 환곡의 액수가 줄어들기도 했다. 그러나 환곡 이자를 국가재정에 사용하면서부터 환곡의 감축에 대해 민감하게 반응하기 시작했다. 또한 환곡의 존재 이유인 농민의 재생산 보호라는 본래의 목적을 방기할 수도 없었으므로 이중적인 태도를 취할 수밖에 없었다. 농민의 재생산 구조를 보호하는 환곡과 재정 수입을 목적으로 운영하는 환곡으로 구분하여 운영하기 시작했다. 호조에서 관할하는 환곡이나 상진곡常賑穀과 같은 환곡은 농민을 보호하기 위해서였고, 감영 환곡은 재정 조달을 목적으로 운영한 환곡이었다. 감영 환곡은 그 이자를 감영 유지 비용으로 사용하지만, 춘궁기에 분급하여 농민들의 식량과 종자에 도움을 주고 있었다. 단 이자의 사용처가 분명했기 때문에 흉년이 들더라도 이자를 탕감하지 않으려고 했다.

조선 후기의 환곡은 17세기 후반부터 증가하기 시작해서 18세기 후반에 크게 증가한다. 18세기 초반에 5백만 섬 정도라고 추정되며, 18세기 후반에는 약 1천만 섬에 이르게 된다. 그러나 환곡이 항상 증가하기만 할 수는 없었다. 큰 흉년이 들어 환곡의 본래 목적인 농민 보호 역할을 하게 되면 환곡은 감소할 수밖에 없었다. 흉년이 들었는데도 이자 수입을 위해 징수하지 못한 환곡을 탕감하지 않으면, 환곡은 줄어들지 않고 오히려 증가하게 된다. 환곡은 10%의 이자를 붙여서 회수하기 때문에, 묵은 환곡을 탕감하지 않으면 장부상의 환곡 총액은 증가하게 된다. 그러므로 정상적인 경우라면 지방관이 처벌을 받더라도 징수하지 못한 환곡의 액수를 정확히 보고하여 환곡 장부에 남겨서 총액이 더 이상 증가하지 않도록 조처해야만 했다. 그러나 일부 지방관은 처벌이 두려워 징수하지 못한 환곡을 보고하지 않고 다음 해 봄에는 창고에 있던 환곡으로 나누어 준다. 장부상의 액수의 절반만을 분급했다면, 실제 창고에 남아 있는 환곡은 지난가을에 징수하지 못했지만 보고하지 않은 액수만큼의 양이 존재하지 않게 된다. 올해 나누어 준 환곡과 지난해 징수하지 못한 환곡이 실제 분급한 액수가 되는 것이다.

지난해에 징수하지 못한 환곡을 다음 해 가을에 거두어들이면 문제는 발생하지 않는다. 작년에 징수하지 못한 환곡을 올해 또 징수하지 못하면 이 액수는 장부상에만 존재하는 액수가 된다. 이러다가 지방관이 교체되면 환곡 장부와 창고에 있는 곡식의 수가 일치하지 않게 된다. 그러므로 지방관이 교체될 때 중요한 점검 사항은 창고에 있는 곡식과 문서에 있는 수치와의 일치 여부였다. 신임 지방관이 부임하면 인근 고을의 지방관이 증인으로 참석하여 창고 조사를 하고 그 결과를 감영에 보고해야 했다. 이 과정에서 전임자의 환곡 부실 운영이 드러나는 경우가 종종 있었다.

18세기 후반 충청도 영춘현永春縣의 사례를 통해서 징수하지 못한 오래 묵은 환곡은 탕감해야만 문제가 해결된다는 사실을 알 수 있다. 1759년(영조 35) 영춘 현감은 고을의 심각한 환곡 상황을 보고하고 밀린 환곡의 탕감을 요청하였다. 영춘에서 밀린 환곡이 급증한 것은 1755년(영조 31)의 대기근의 여파였다. 당시 영춘의 환곡은 1만 4천여 섬이 있었는데 1755년 이후에 징수하지 못한 것이 3천 6백여 섬이고 징수하지 못했지만 징수했다고 허위 보고한 것이 2천 1백여 섬으로 둘을 합하면 5천 8백여 섬이 되었다. 당시 환곡의 40% 이상을 징수하지 못하고 있었다. 조선 정부에 보고하여 징수를 연기한 액수는 그나마 환곡 이자가 정지될 수 있지만, 징수를 못 하고 징수했다고 보고한 액수는 다음 해에 분급되어야 했고 가을에 이자와 함께 징수해야만 하는 액수이다. 이런 곡식은 장부상에만 존재하는 '허류곡虛留穀'이 된다.

이 곡식은 당시 2천 3백 호의 민호民戶에게 분급한 것인데, 여러 번의 흉년을 겪으면서 농민들이 흩어지고 도망하여 징수하지 못하였다. 지방관이 환곡 분급 액수와 지급받은 호戶를 살펴보니 전 가족이 사망한 경우와 환곡을 받은 당사차가 사망하거나 영춘을 떠나거나 도망한 사람인 8백 50여 호가 받은 환곡이 3천 6백여 섬이고, 영춘에 남아 있지만 너무 가난하여 납부하지 못하고 있는 사람인 690여 호의 환곡이 2천 1백여 섬이었다. 영춘에 남아 있으면서 밀린 환곡을 납부하지 못하는 사람들은 집이 허물어져서 남의 집에 고용살이를 하거나, 바가지를 들고 걸식을 하는 자가 절반을 넘었다. 전체 2천 3백 호의 37%가 사망하거나 영춘을 떠났고, 30%가 영춘에 있지만 가난하여 환곡을 납부하지 못하고 있는 실정이었다. 이들에게 환곡을 징수하려고 한다면 방법은 있다. 그들의 친족이나 이웃에게서 강제로 징수하는 방법이 있다. 이럴 경우 30%의 가난한 사람들이 영춘을 떠나게 되고, 피해를 입은 친족과 이웃도 영춘을 탈출할 수밖에 없었다. 현재 이전 호의 63%만 남아 있고, 경제적으로 불안정한 30%가 간신히 목숨을 연명하고 있었다. 밀린 환곡을 강제로 징수할 경우, 그나마 안정적으로 살아가고 있는 33%의 사람들 가운데서 영춘을 탈출하려고 시도할 것이다. 당시 지방관은 이웃과 친족에게서 강제 징수를 하게 된다면 소와 땅을 팔고 짐을 꾸려 사방으로 흩어질 것이라고 우려하고 있었다.

당시 지방관은 왕세자를 교육하는 세자시강원에서 근무했기 때문에 국왕의 측근 신하라고 할 수 있다. 그러므로 국왕도 신뢰를 하고 있는 인물이었기 때문에 그의 요청대로 밀린 환곡은 모두 탕감하는 것으로 결정이 났다. 이후 영춘에서는 호구와 환곡에 대해 정비가 이루어졌다. 이 사건의 다음 해인 1760년(영조 36)을 기준으로 작성된 영춘 읍지邑誌에는 호戶가 1,258호, 환곡 액수가 8,267섬으로 기록되어 있다. 줄어든 호구와 환곡의 액수는 흉년으로 징수하지 못한 환곡을 탕감하고 남은 액수이고, 사망하고 영춘을 떠난 호를 제외하고 당시 영춘에서 살고 있는 사람만을 기록한 숫자이다. 이처럼 징수하지 못한 묵은 환곡은 전체를 탕감해야만 남아 있는 사람들이 정상적인 생활을 유지할 수 있는 것이다. 그러나 조선 정부의 입장에서는 환곡의 액수가 감축되고 이자 수입이 줄어들 뿐만 아니라, 폐단이 있는 다른 지역도 환곡 탕감을 요구할 것을 겁내고 있었다. 그래서 한 지역에 한정된 조치라는 것을 강조하곤 했다.

정조 연간에도 비슷한 사건이 경상도 함양咸陽에서 발생했다. 1789년(정조 13) 12월에 함양 군수 김사석金思祏이 12월에 함양의 장부상에만 존재하는 환곡의 액수에 대해 보고했다. 앞서 살펴본 충청도 영춘현처럼 실제로는 받아들이지 못했는데 징수했다고 보고했다가 장부상의 액수로만 남은 것이 3만 7천 섬이 되었다. 그 액수가 큰 것도 문제였지만, 김사석이 부임한 지 6개월이 되어서야 이런 보고를 했다는 점이 더 큰 문제였다. 부임 직후 창고 조사를 마치고 이런 보고를 했으면 지방관은 아무 책임이 없었을 것이다. 그러나 뒤늦게 보고해서, 김사석은 파직당하고 의금부에 불려 가 조사를 받게 되었다. 함양의 환곡 문제를 해결하기 위해서 조선 정부는 경상 감사에게 조사하여 보고하게 했다.

함양 문제의 시작은 1785년(정조 9)부터 비롯되었다. 당시 지방관은 당년도에 분급한 환곡은 모두 정실한 곡식으로 징수하였지만, 오래도록 징수하지 못한 '구환舊還' 2천 4백여 섬은 전혀 징수하지 못하였다. 구환은 조선 정부에서 파악하고 있는 미징수 환곡이다. 이때 징수하지 못한 구환은 4년 후인 1789년까지 72섬 남아 있었다.

다음 해인 1786년(정조 10)에 부임한 부사 때는 흉년을 만나 당년에 분급한 환곡도 제대로 징수하지 못할 지경이었다. 그러므로 키질하고 남은 허곡虛穀까지도 거둬들여서 액수만을 맞추려고 했지만 결국 전부 거두지는 못했다. 그러나 전부 징수하지 못했다고 보고하지는 않고, 다음 해 봄에 창고에 있는 곡식으로 환곡을 분급했다. 또한 흉년이 들었으므로 정월부터 굶주리고 가난한 농민들에게 무상으로 곡식을 나누어 주어야만 했다. 이것도 전임 부사가 정실한 곡식으로 징수한 곡식으로 주었다. 그러므로 창고에 남아 있는 곡식은 얼마 안 되었다. 작년에 흉년으로 부실한 곡식을 받아들였고, 일부는 징수하지 못했으면서도 보고하지 않았으므로 환곡 문서에만 존재하는 곡식이 되었다. 흉년으로 당년도에 나누어 준 환곡도 제대로 징수하지 못하는데 오래된 환곡은 징수할 여력이 없었다. 창고에는 부실한 곡식만 일부 있고, 오래도록 징수하지 못한 환곡은 그대로 남아 있으면서, 흉년으로 징수하지 못한 새로운 장부상의 환곡은 증가하고 있는 상황이었다.

이후 1787년(정조 11)과 1788년(정조 12)에 부임한 두 지방관도 전임자와 마찬가지 방식으로 환곡을 운영하고 3만 섬의 환곡이 장부상에만 남게 되었다. 1789년(정조 13) 군수 김사석金思碩이 거두어들인 환곡도 쭉정이가 많아서 전임자와 차이가 없었다.

함양의 환곡 문제를 조사하면서 의금부에 끌려가 조사를 받은 지방관들은 모두 감사에게 보고했다고 진술하자, 국왕인 정조는 감사에게 죄를 물어야 한다고 했다. 결국 문제가 발생하는 동안 경상 감사를 지냈던 두 사람은 귀양의 형벌에 처해졌다.

다음 해인 1790년(정조 14)까지 조사가 이어지는데, 3만여 섬이라는 숫자는 원곡의 수량이 아니라 이자에 이자가 붙은 것으로 원곡과 비교하면 원곡의 2-3배가 된 경우였다. 징수하지 못한 환곡을 징수했다고 보고했기 때문에 장부상으로 이자의 이자가 붙게 되는 것이다. 당시 함양군의 환곡은 9만 7800여 섬이나 되는데, 실제 환곡을 받는 민호民戶은 3천 호에 불과했다. 전체 환곡에서 3만여 섬이 장부상에만 있는 곡식이고, 나머지 환곡도 쭉정이가 많은 부실한 환곡들이 많았다.

경상 감사의 문제 해결 방법은 환곡을 줄여야 된다는 것이었다. 창고에 남아 있는 환곡 가운데 비교적 충실한 곡물 5만 섬을 남겨 두고 절반만을 나누어 주고 나머지 절반은 창고에 남겨 두는 '반류반분半留半分' 운영을 하자고 건의했다. 이자는 매년 돈으로 바꾸어 환곡이 불어나는 폐단을 끊고, 나머지 1만 6천여 섬은 품질이 나빠서 제값을 받을 수는 없겠지만 판매를 하자고 건의했다.

이에 대해 정조는 창고에 존재하지 않는 허위 곡식 장부와 흙먼지가 뒤섞인 허곡虛穀의 장부를 불태우라고 했다. 또한 창고의 부실한 곡식을 다시 키로 까불러서 3만 섬의 수량으로 줄이고, 5만섬을 만들어서 절반만을 분급하는 규정으로 운영하도록 지시했다. 이후 2월에는 함양에 어사를 파견하여 조사하도록 했다.

이렇게 경상도 함양의 환곡 문제에 논의가 진행되자 부사직 강유姜游가 상소를 해서 환곡문제의 해결 방안을 제시했다. 환곡이 가장 많은 고을은 이자에 이자가 붙어서 백성들의 큰 폐단이 되고 있으니 이자를 돈으로 바꾸어 서울로 올려 보내서 인삼값과 경비에 보태자고 했다. 또한 한 고을의 환곡 액수가 얼마나 있어야 적정한 것인가에 대해 설명했다. 한 고을의 환곡을 절반은 나누어 주고 절반은 창고에 두는 운영 방식을 가정할 때 1호당 7섬이 넘으면 곡식이 많은 고을로 판정한다. 여기에는 호적에 편성된 80%가 환곡을 받는 것으로 계산하고 대·중·소·잔호 등으로 호를 구분하여 차등적으로 환곡을 지급하는 방식이다. 이 건의는 채택되지는 않았지만 한 고을의 호戶의 수와 곡식의 양이 비례해야 한다는 인식은 동의가 되었다.

함양에서의 조사를 마치고 4월에 서울에 와서 보고를 한 어사는 환곡의 폐단으로 인해서 도망자가 속출하였기 때문에, 함양군의 민호가 5천 호에서 3천 호로 줄어들었다고 했다. 그러나 국왕의 개선책이 선포되자 상황이 변화해서 고을이 즐거워하고 고향을 떠난 자들이 차례차례 모여든다고 했다. 또한 함양 근처에 있는 안의, 산청, 거창도 환곡의 폐단이 있어서 함양과 같은 처리를 원한다고 보고했다.

18세기 후반에 환곡이 급격히 증가하는 상황에서 경상도 함양에서는 민호民戶 수에 비해 지나치게 많은 환곡의 양은 폐단을 초래하여 농민들이 고향을 떠나 떠돌아다녀서 인구가 감소하고 있었다. 단지 함양만의 문제가 아니었다. 결국은 환곡의 액수를 줄여야 되는 것은 모두가 알고 있었다. 하지만 환곡 이자를 비용에 충당하고 있는 점과 어떻게 줄일 것인가, 그리고 납부하지 못한 환곡을 어떻게 처리할 것인가가 쟁점이었다. 탕감에는 도덕적 해이를 걱정하는 의견도 존재했다. 결국은 경상도 지역 전체를 조사하여 환곡을 일부 조정하는 처방을 내놓았다. 민호와 곡식 총량을 살펴서 환곡이 많은 고을 22개와 1개 역驛은 환곡의 양을 축소시켰고, 환곡이 적은 고을 22개는 환곡의 양을 늘리도록 했다. 나머지 20여 고을은 민호와 곡물의 총수가 서로 걸맞아서 폐단이 될 단서가 없었다. 약 10만 3천 섬의 곡물이 다른 지역으로 옮겨지거나 돈으로 바꾸어 서울로 보내거나 돈으로 바꾸어 다른 지역으로 옮겨졌다.

경상도 이외의 지역에서도 환곡이 많아서 폐단이 발생하는 곳이 존재했다. 환곡이 농민의 생존을 보호하기 위해서 운영되는 한 나누어 준 환곡에서 징수하지 못한 환곡이 발생하는 것이 당연한 일이었다. 환곡의 총량이 1천만 섬에 이른 18세기 후반에는 흉년이라든지 중간 관리자의 횡령 등으로 인해 징수하지 못한 환곡의 액수는 1백-2백만 섬에 이른다. 전체 환곡 액수의 약 10-20%를 징수하지 못하고 있는 것이다. 전국 통계가 제시된 1776년(정조 즉위년)에는 당시에 파악한 환곡 876만여 섬 가운데 129만여 섬, 전체의 약 15%를 징수하지 못하고 있었다. 이 액수는 고정된 것이 아니라 지역별로 수시로 변동하고 있었다. 흉년으로 징수를 연기했지만 풍년이 들면 다시 징수하여 그 액수가 적어지기도 한다. 전국 각 지역의 환곡 액수는 수시로 변화하고 있는 것이다.

18세기 후반까지는 이렇게 징수하지 못하고 고질이 된 환곡을 탕감해 주는 경우가 종종 있었다. 정조 연간만 해도 전국적으로 징수하지 못한 묵은 환곡을 탕감해 준 사례가 5차례 나타나고 있다. 적게는 8만 6천여 섬에서 많게는 50만 섬에 이른다. 특히 1795년(정조 19)에는 정조의 어머니인 혜경궁 홍씨의 환갑을 축하하는 의미에서 49만 6천여 섬을 탕감했다. 이때의 묵은 환곡 탕감은 다른 때와는 달리 가장 최근에 징수하지 못한 1년치를 탕감한 것이다. 탕감의 효과를 농민들이 확실히 느낄 수 있는 조치를 한 것이다. 이런 묵은 환곡의 탕감은 환곡의 체납으로 고통받고 있는 농민을 구제하려고 시행한 것이다.

그러나 19세기에는 환곡 액수의 감소로 인해 조선 정부에서는 오랫동안 징수하지 못한 환곡의 탕감을 억제하고, 징수하지 못한 환곡에 대해서는 일정 기간을 정하여 분할 징수하는 정책을 시행했다. 18세기와는 전혀 다른 양상이었다. 이런 분할 징수는 문제를 해결하는 것이 아니라 더욱 악화시키는 결과를 초래했다. 19세기 중반에는 징수하지 못한 오래 묵은 환곡의 분할 징수마저도 금지하고 있었다. 환곡의 감소로 인해 이자 수입이 줄어들었기 때문에, 재정 확보를 위한 정책이었다. 이것은 재정기능과 진휼기능의 양면성을 가지고 있었던 조선 후기의 환곡제도가 19세기 중반 이후에는 진휼기능을 거의 상실하고 재정기능 위주로 운영되기에 이른 것임을 뜻한다. 환곡제도에 파국의 그림자가 짙어지는 과정이었다.

친척에게 대신 징수한 환곡이 살인을 부르다

1795년(정조 9) 평안도 의주義州에서 살인 사건이 발생했다. 김기환이란 자가 그의 매형 박춘기를 때려죽인 사건이다. 김기환이 환곡 납부를 제때 하지 못하여 관가에서 닦달하자, 시집간 그의 누이가 집에 있던 곡식으로 대신 납부했다. 박춘기가 밖에 나갔다가 집에 돌아와 보니 그의 아내가 자신과는 상의하지도 않고 동생의 환곡을 대신 납부한 사실을 알게 되었다. 화가 머리끝까지 난 박춘기는 그의 아내를 두들겨 패기 시작했다. 자신의 누이가 매를 맞는 것을 목격한 김기환이 다듬잇방망이로 그의 매형妹兄 박춘기를 때려서 그날로 죽게 하였다. 평안도에서 올린 보고에서는 김기환이 그의 누이를 구해 주려다가 그의 매형을 죽게 했으니, 정황상으로는 용서할 수 있지만 법으로는 용서할 수 없다고 했다. 형조의 보고에서는 평안도의 보고는 원칙을 고수하고 있지만 사건의 내용은 과실에 가깝다고 했다. 국왕인 정조의 판결은 다음과 같다.

> 그날의 광경을 상상해 보면 김기환은 자신의 누이가 머리끄덩이를 잡힌 채 끌려다니며 얻어맞는 것을 보고서 급히 뛰어가 구하는 도중에 매형 박춘기朴春己가 작대기를 가지고 그를 때리려 들 즈음에 방어하려던 물건이 잘못 상대의 머리에 부딪힌 것은 아마도 이상스러운 일이 아니다. 당초 본래 마음도 단지 누이를 구하려고만 생각했던 것이고 결국 터진 사건 또한 자신을 막으려는 데에서 나온 것이다. 이를 가지고 살핀다면 고의로 살해했다기보다는 과실로 죽인 것으로 적용할 수 있을 듯하다. 이런 사건은 가벼운 형벌을 적용시

킨다 하더라도 형벌을 잘못 적용하는 데까지는 이르지 않을 것이다.

국왕 정조의 관대한 처분으로 김기환은 사형을 면하고 삼천 리 유배형에 처해졌다. 그리고 5년 후인 1790년(정조 14) 4월에 풀려났다.

이 사건은 남동생이 받아먹은 환곡을 갚지 못하자 그의 누이 가 대신 갚은 족징族徵이 부른 살인 사건이다. 족징이란 세금을 납부하지 못한 사람의 일가붙이에게 대신 징수하는 것을 말한 다. 누이가 남편에게 매 맞는 것을 보고 격분해서 달려갔던 것으 로 보아, 김기환과 결혼한 누이는 한동네에 살았던 것으로 추정 된다. 당시 족징이 일반화되었다는 것은 이 사건을 통해서도 알 수 있다. 한동네에 살고 있는 남매가 있었는데, 남동생이 환곡을 갚지 못하자 관속들이 나타나서 어느 정도 여유가 있는 누이를 들들 볶으니, 동생을 위해서 대신 갚을 수밖에 없었을 것이다. 집에 돌아온 남편은 집에 있던 곡식이 없어진 것을 알고 아내에 게 추궁하다가 아내의 동생이 받아먹은 환곡을 족징으로 납부 했다는 것을 알게 되었다. 화가 난 남편은 아내를 두들겨 패기 시작했고, 남동생은 그 광경을 목격하고는 누이를 보호하기 위 해서 뛰어가서 말리는 과정에서 매형을 죽게 했다. 이 사건의 판결을 내린 국왕 정조는 우발적인 살인 사건에서 남매간의 정을 보호하려고 관대한 처분을 내렸다. 조선 후기의 환곡 징수 과정에서 일상적으로 행해진 족징이 살인을 부른 사건이다.

다음 사건도 족징으로 인한 살인 사건인데 조금 복잡한 사건이다. 북한산성의 군향을 받아먹고 갚지 못해 족징을 하는 과정에서, 친족이 소를 빼앗기지 않으려고 하다가 징수하던 사람이 사망한 사건이다. 이 사건은 1793년(정조 17) 12월에 일어나서 1799년(정조 23) 12월에 판결이 난 사건이다. 사건 발생에서 판결까지 만 6년이나 걸렸다.

북한산성北漢山城 어창계御倉契에 사는 서필홍徐弼興이 정조 17년 12월 16일 북한산성 보주인保主人 김득호金得浩의 명령으로 같은 동네에 사는 김이수와 함께 양주楊州 상가대祥家臺의 김끗손(金㖟孫)의 집에 가서 환곡을 징수하려 했다. 김끗손이 가난해서 밀린 환곡을 마련해 바치기 어려운 형편이어서 그의 8촌인 김상필金尙弼의 집에 가서 소를 끌고 갔다. 이에 김상필은 이웃에 사는 함봉련咸奉連, 김대순金大順과 함께 쫓아가서 서필홍과 김이수를 때렸다. 이후 서필홍은 12월 28일에 사망했다. 사건이 벌어진 지 12일 만에 사망한 사건이다.

양주의 김끗손이 받은 환곡은 일반 환곡이 아니라 북한산성北漢山城에 보관된 군량미이다. 군량미는 당시에는 군향軍餉 혹은

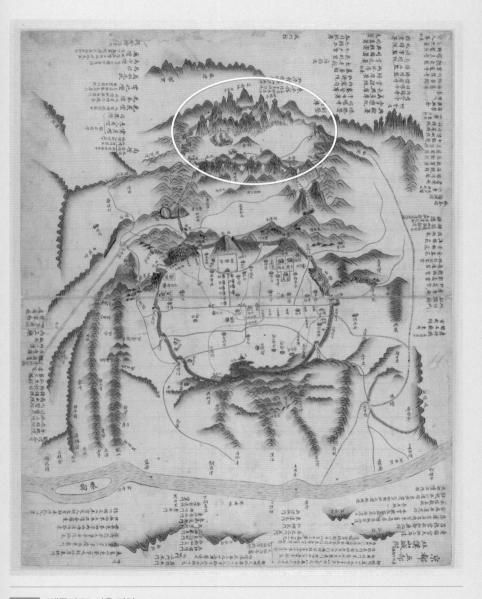

그림 11 〈해동지도〉 서울 지역, 서울대학교 규장각한국학연구원 소장

지도 윗부분에 북한산성이 있다. 그 안에 훈련도감訓鍊都監과 금위영禁衛營 등의 창고가 보인다

향곡餉穀이라고 표현했다. 환곡을 설명할 때 평시에는 농량이 되고 비상시에는 군량이 된다고 하는데, 환곡還穀과 군향軍餉을 합쳐서 '환향還餉'이라고 부르기도 한다.

　북한산성에는 조선 후기 중앙군中央軍인 5군영軍營 가운데 4개 군영의 군량미 창고가 있었다. 북한산성을 관할하는 총융청摠戎廳을 비롯해서 급료를 지급하는 훈련도감訓鍊都監 그리고 금위영禁衛營과 어영청御營廳의 군량 창고가 북한산성에 있었다. 5군영에서 빠진 수어청守禦廳은 남한산성에 있고 그곳에 창고를 가지고 있었다. 군대는 유사시를 대비해서 준비를 하고 훈련을 해야 한다. 또한 전쟁에 대비한 장비와 식량을 유지해야만 한다. 그런데 군사 요충지는 산성에 있다. 산성에 있는 곡식을 환곡으로 받으려면 농민들은 산성에 올라가서 가져오고, 가을에는 곡식을 지고 산성에 올라가야 하는 수고를 해야 한다. 나라를 지키기 위해서는 비상시의 식량을 비축해야만 했기 때문에 산성의 군향을 유지해야 했고, 또 한편으로는 농민들의 부담을 조금이나마 덜기 위해서 여러 고을에 많지 않은 군향곡을 분담시켰다. 북한산성 군향은 총융청 소속 2개 창고와 3개 군영의 창고에 분산, 비축되어 있다. 각 창고의 군향은 2-4개 고을에서 받아 가고 가을에는 산성에 납부하였다. 비상시를 대비한 곡식이라 원칙적으로는 흉년이 들었더라도 징수하려고 했다. 비상시를 대비해 현물을 비축하려는 조선 정부의 의도와 농민을 보호한다는 의미가 어긋나는 지점이 있다.

북한산성의 군향은 2-3만 섬 정도로 운영되었는데, 양주도 북한산성 군향을 배당받는 고을이다. 12월에 들어서도 받은 곡식을 납부하지 않자, 북한산성의 징수 담당자는 차인差人을 파견하여 징수하려고 했다. 보통 고을에서도 환곡을 제때 납부하지 못하면 차인을 파견하여 잡아 오기도 하는데, 군향을 담당한 차인은 좀 더 강한 권력을 행사했던 것처럼 보인다.

이 사건을 통해서 족징의 구체적 진행 과정이 나타나고 있다. 소를 빼앗긴 김상필의 진술에 따르면 양주에 차인이 파견되기 전부터 이미 족징은 시작되었다. 가난한 김끗손은 북한산성 환곡을 갚지 못할 상황에 이르자 친족들에게 부탁하여 상환하려고 했다. 친족들도 족징의 무서움을 알기에 각각 쌀 2말씩을 내서 북한산성에 납부했다. 친족들의 도움에도 불구하고 김끗손은 받은 환곡 모두를 납부하지 못했던 것 같다. 그래서 두 사람의 차인이 파견되어 김끗손의 집에 와 보니 너무 가난해서 받아 낼 수 없는 상황이었다. 차사들은 김끗손의 친족을 찾아 나섰고 소를 가지고 있는 김상필의 집에 가서 소를 끌고 갔다. 김상필은 차사와의 이야기를 주고받은 뒤에 급히 돈 2냥 5전을 마련해 차사의 뒤를 쫓아가서 차사에게 돈을 주고 소를 되찾으려고 했다. 그러나 차사들은 돈만 챙기고 다시 소를 끌고 가기 시작했다. 마음이 급해진 김상필은 급히 자기 동네에 가서 이웃사람 두 사람에게 소를 되찾게 도와 달라고 부탁하여 함께 차사들을 추격했다. 마침내 흑수유리黑水踰里에서 차사들과 만나서 논쟁을 하고, 몸싸움이 점차 큰 싸움이 되어서 발길질이 이어져한 사람의 차사가 사망에 이르게 되었다. 이후 이 사건은 누가주범인가에 대한 문제로 재판이 지속되었다.

이 사건에서 족징이 모질고 혹독하게 시행되고 있다는 것을확인할 수 있다. 한 사람으로 인해서 일가 사람들이 쌀을 각출을 하여 한 사람이 납부하지 못한 곡식 대신 납부하려고 했다. 정확한 액수는 모르지만 전액 납부가 되지 않았다고 차사를 파견하여 재산이 있는 사람에게서 대신 징수한다고 소를 끌고 가버렸다. 소는 농민에게는 큰 재산인데, 자신의 부채가 아닌 일가의 사람 때문에 큰 재산을 잃게 생긴 것이었다. 돈 2냥 5전을급히 마련한 것으로 보아 밀린 액수가 그렇게 크지 않았을 것이다. 조선 후기 환곡의 경우 쌀 1섬은 3냥으로 계산하고 있고, 환곡보다 도정을 정밀하게 한 백미白米는 1섬당 5냥으로 계산한다. 이것으로 보면 김끗손이 밀린 것은 쌀 반섬에서 한 섬 정도인 것으로 보인다. 크지 않은 액수인데도 소를 끌고 가는 차사들에게 향한 김상필의 분노를 이해할 수 있을 것 같다.

모든 환곡 징수에서 이처럼 가혹한 징수와 족징을 시행하지는 않았겠지만, 이 사건에서 확인할 수 있는 점은 너무 가혹하게 그리고 무차별적으로 징수를 마치겠다는 의지와 행동은 또 다른 폭력을 낳고 있다는 점이다. 19세기 후반의 가혹한 환곡 징수로 인한 농민들의 저항이 민란으로 발전하는 상황이 떠오른다.

이처럼 가혹한 환곡 징수가 이루어지는 것은 지방관의 환곡 징수 의지 때문이다. 환곡의 경우, 한 도道에서 환곡 징수 성적이 꼴찌가 되면 지방관은 감영에 가서 장杖을 맞아야만 했다. 또한 근무 평가에서 최하점을 받아서 파직罷職당하기도 했다. 그러므로 지방관은 환곡을 징수하는 시기가 되면 민감해지기도 해서, 환곡 징수에 무리한 방법을 사용하기도 하였다. 경우에 따라서는 인명 사고가 나기도 했다.

환곡을 나누어 주고 추수를 한 다음에 거둬들일 때 환곡을 받은 사람이 도망가거나 사망한 경우에는 징수할 곳이 없게 된다. 이 경우가 아니더라도 너무 가난해서 구걸로 겨우 살아갈 때는 받아들일 수 없다. 이처럼 징수하지 못한 환곡의 액수를 조선 정부에 보고하여 인정을 받으면 오래도록 징수하지 못한 환곡, '구환舊還'이 된다. 구환이 되기 위해서는 조금 복잡한 단계를 거친다. 당해 연도에 나눠 준 환곡을 조선 정부의 허락을 얻어서 징수가 연기된 것을 '정퇴停退'라고 하고, 연이어 2년간 징수가 연기된 것을 '잉정仍停'이라고 하며, 3년 이상 징수가 연기된 것을 '구환舊還'이라고 했다. 이렇게 복잡한 단계를 거치는 것은 징수가 미루어진 환곡을 최대한 징수하려고 노력했기 때문이다. 조선 정부에서 징수를 연기하라는 지시를 하지 않았는데도 징수하지 못한 곡식은 환곡 운영에 큰 지장을 초래했다. 앞에서 언급했듯 이렇게 징수하지 못한 환곡은 장부상에만 존재하고 실체가 없는 '허류곡虛留穀'이 되는 것이다.

징수가 여러 해 동안 미루어진 구환은 당년도에 나누어 준 환곡과 함께 징수의 대상이 된다. 그런데 구환이라 하더라도 징수할 대상이 도망가거나 사망하여 사라졌을 경우, 조선 정부에서 구환을 일정 액수 징수하라는 명령이 내려오면 지방관으로서는 곤란한 경우에 빠지게 된다. 당년에 나누어 준 환곡의 징수와 마찬가지로 구환의 징수 실적도 근무 평가에 포함되기 때문에 어떤 방법을 사용해서라도 징수하려고 했다.

지방관이 가장 손쉽게 사용할 수 있는 방법이 환곡을 받은 사람의 친척에게서 징수하는 것이다. 이렇게 납부해야 할 사람이 사라져서 친척에게서 대신 징수하는 것을 '족징族徵'이라고 했다. 친척에게서도 징수하지 못할 상황이 오게 되면, 납부해야 할 사람이 살았던 이웃이나 마을에서 징수하게 된다. 이웃에게서 징수한다는 의미로 '인징隣徵'이라고 했다. 이처럼 족징과 인징은 납부 대상자가 환곡을 납부하지 못했을 때, 지방관이 관행적으로 시행했다. 족징은 당면한 재정 문제 해결에는 일부 도움이 되었지만, 같은 성씨姓氏가 모여 사는 마을이 많았던 조선 후기의 향촌 사회를 뒤흔들기도 하였다. 족징과 인징은 환곡의 징수뿐만이 아니라 군포軍布를 징수할 때도 활용했다. 군포는 조선시대에 군사적 의무를 지지 않는 대신 납부하는 면포를 말한다. 군포를 족징할 때 나타나는 폐단을 묘사한 글에서는 한 사람이 도망치면 그 피해가 열 사람한테 미치고 한 집이 피하여 숨으면 그 재앙이 열 집에 미치니, 간혹 족파族派도 모르고 얼굴도 모르는데 같은 일족一族이라는 명목으로 강제로 납부를 요구하여 번개처럼 독촉하고 성화처럼 재촉하며 채찍으로 마구 때리며 독촉하는 경우가 많다고 서술하고 있다.

군포와 환곡의 징수에서 이루어지는 족징은 법으로 규정된 것은 아니었다. 조선 정부에서는 전세와 군포 그리고 환곡 이자 징수의 구체적인 과정에 대해서는 각 고을에 맡겨 두었다. 조선 정부의 관심은 책정된 세금의 양이 제대로 징수되는 것이었다. 그러므로 지방 고을에서는 족징이 관행처럼 이루어졌다. 족징을 시행하는 친척의 대상도 지방관이 마음대로 하였다. 한번 시작된 족징은 또 다른 족징으로 이어져 마을 공동체 전체를 피폐하게 만들었다. 이런 족징의 폐단을 목격한 정약용은 향리들에게 시행한 족징에서 그 대상 범위를 규제하려고 했다. 그는 아전이 납부하지 않은 환곡을 징수할 때 두 가지 피해야 할 것이 있다고 했다. 관아 밖에 있는 마을에 사는 거리가 먼 일가를 무고로 끌어들이는 것을 피해야 하고, 친족이 아닌 사람을 끌어들이는 사람에게는 벌을 내린다고 했다. 마을 밖에 사는 사람의 경우 상복을 입을 정도로 가까운 친척이나 처부·처형·자매의 남편·사위·생질 등이 아니라면 절대로 끌어들여서는 안 된다고 강조했다. 지방관이 징수의 편의를 위해서 관행적으로 시행한 족징은 당하는 사람에게는 분노를 일으키고, 이 분노가 우발적인 살인을 부르기도 했다.

19세기에 들어서 환곡 총량의 감소가 진행되어 환곡 이자를 재원으로 활용하던 각 기관이 어려움에 처하게 되었다. 이에 대응하기 위해서 환곡의 징수를 강화해 나갔다. 환곡 징수의 강화는 환곡의 징수를 연기해 주지 않으려는 방향으로 나타났다. 1830년대 후반 이후에는 당해 연도에 새로 분급한 환곡은 징수 유예를 허락하지 않으려 하였으며, 1840년 이후에는 전국적으로 새로 분급한 환곡은 징수를 연기해 주지 않았다. 환곡의 징수가 강화된다는 의미는 족징과 인징이 강화된다는 것을 의미했다. 19세기 중엽에 들어서는 환곡제도의 어두운 그림자가 점차 짙어지고 있었다.

향리 횡령의 두 모습

향리 부정행위는 자신을 위한 축재와 지방행정을 운영하는 과정에서 재원이 부족한 관아 기관에 환곡을 옮겨서 사용하고, 그것을 갚지 못하면 향리에게 책임을 지워서 발생하기도 한다. 또한 급여가 제대로 지급되지 않는 과정에서 생존을 위한 부정도 있다. 향리의 부정행위를 두 가지 측면에서 살펴본다.

18세기 전반 어사가 적발한 전라도 강진현康津縣의 사건은 향리들의 전형적인 부정행위를 잘 드러내고 있다. 전라도에 흉년이 들어서 1732년(영조 8)과 1733년에 온 가족이 사망한 가호家戶는 환곡과 진곡賑穀을 탕감해 주도록 명령했는데도 불구하고, 간사한 아전들이 조선 정부의 명령을 숨기고 1733년 가을부터 계속 징수했다. 1737년(영조 13)에는 흉년에 온 가족이 사망한 가호의 세금을 면제해 주려고 이들 가호를 보고하라고 명령을 내렸다. 간사한 아전들이 면임面任을 협박하여 원래 뽑힌 가호는 적었는데, 거짓으로 다른 문서를 만들어 많은 수의 가호를 첨가해 조선 정부에 보고했다. 또 작년까지 3년간 이들이 징수해야 할 것을 연기하고 있다고 감사에게 거짓으로 보고하고는, 아전들이 예전처럼 징수했다. 즉 사망한 사람들에게서 징수하지 못하자, 사망자의 이웃에게서 혹은 고을에 남아 있는 사람들에게 징수한 것이다. 1739년(영조 15) 말에 비로소 탕감하라는 명령이 내려졌는데, 향리들이 그동안 핑계를 대면서 축낸 것이 환곡은 1천 3백여 섬이고 진곡賑穀은 1천 1백여 섬이나 되었다. 어사가 규정대로 한다면 이들 향리들의 목을 베어 높은 곳에 매달아 두어야 했지만(梟示), 한두 사람이 관련된 것이 아니라 모두 처벌할 수 없어서 엄히 매질을 하고 곡식을 모두 징수하는 선에서 사건을 마무리했다.

이 사건에서 나타난 것은 조선 정부가 징수하지 못한 묵은 곡식을 탕감해 주려고 명령을 내려도 지방의 각 고을에서는 징수의 실무를 담당한 향리들이 명령을 숨기고, 계속 징수하고 있다는 점이다. 이 과정에서 거짓으로 문서를 만들고, 감사에게도 거짓으로 보고하는 행태를 보이고 있다. 그러므로 조선 정부는 이런 행정 실무자인 아전들이 사망한 가호를 조사하라고 했을 때 허위로 부풀려 기록하는 것을 방관했고, 탕감의 명령을 무시하고 중간에서 전처럼 계속 징수하는 것을 알아채지 못한 지방관을 처벌하고 있다. 이들 지방관은 관직에서 쫓겨나는 것이 아니라 의금부에 잡혀가 조사를 받고 처벌을 받아야만 했다. 사건이 발생한 1737년(영조 13) 이후에 부임한 지방관은 모두 처벌 대상이 되었다.

이 사건의 처리 과정에서 나타난 또 하나의 사실은 환곡만이 아니라 논밭에 부과되는 전세田稅의 징수에서도 본인이 도망가면 친족이나 이웃에게서 징수하고 있다는 것을 알 수 있다. 향리들의 횡령은 집단적으로 이루어지는 경우가 많았다. 신임 지방관이 부임하여 문서를 점검하거나 창고를 조사할 때 횡령한 액수가 드러나곤 했는데 오랜 기간 지속된 경우에는 1천 섬이 넘는 경우가 많았다. 지방관은 이 액수를 향리집단에게서 징수하는 것이 원칙이었다. 그러므로 횡령액을 향리들에게 징수할 때도 그들의 친족에게서 징수하는 '족징族徵'이 시행되곤 하였다. 또한 자신들이 가로챈 액수를 충당하기 위해서 각 동리洞里에 가서 구걸을 하는 '동냥動鈴'을 행하기도 했다. 말이 동냥이지 실제로는 농민들에게 강제로 징수하는 행위였다. 지방관은 원칙적으로 이런 행위를 금지하는 명령을 내리곤 했지만, 다른 한편으로는 향리들이 횡령한 액수를 채워 넣어야 하는 의무도 있었다. 향리들의 동냥 행위는 음성적으로 지속된 것으로 보인다.

현대 사회에서 세금은 당사자가 납부하는 것이지만, 조선 사회에서는 당사자가 사망하거나 도망가더라도 그 세금을 징수하려고 했다. 지방관은 친족이나 그 이웃에게서 징수하는 것이 관행으로 굳어졌다. 조선 정부에서는 지방에서의 세금 징수에 대해 크게 신경 쓰지 않았다. 규정된 세금 액수가 서울로 상납되면 문제가 없는 것이었다. 그러므로 지방에서의 세금 징수에서는 지방관의 자의적인 추가 징수와 함께 실무를 담당하는 아전, 향리들의 자의적인 수탈이 벌어지는 경우가 많았다.

환곡을 받은 사람이 사망하거나 도망하여 징수할 대상이 사라지면 그의 친족이나 이웃에게서 징수한다는 것을 살펴보았다. 군포軍布를 징수할 때도 이런 일이 벌어지고 있었다. 강진현에서 아전들이 탕감하지 않고 징수한 액수를 민인에게 돌려주려고 했을 때, 농민들은 묵은 토지에 부과된 세금이나 대동세大同稅로 명목을 바꾸어 납부할 수 있기를 원했다. 강진현에서는 묵은 토지에 부과된 세금의 경우, 온 가족이 사망한 가호의 세금은 이웃과 친족이 나누어서 거두어 바치는 관습이 있었다. 농민들은 환곡을 받아서 농사를 짓고, 군역軍役에 대한 세금으로 면포를 납부해야 했으며, 논밭에서 농사를 지어서 세금을 납부해야 했다. 조선 후기에는 이런 세 가지 세금이 조선 정부 세금의 대다수를 차지하고 있었다. 이것을 전정田政, 군정軍政, 환정還政이라고 하고 한꺼번에 부를 때는 삼정三政이라고 한다. 19세기 후반인 1862년에는 전국적인 농민 저항운동이 발생하는데, 그 원인은 바로 삼정의 문란 때문이었다.

강진현의 사건은 세금 징수 실무자인 아전들의 개인적 이익을 위한 부정행위였는데, 이런 행위는 지방관이 주도적으로 하는 경우도 있었고, 이 과정에서 향리들도 자신들의 이익을 챙겼다. 이런 향리들의 부정행위는 빈번히 발생하고 있었다. 이러한 부정행위와는 달리 지방행정을 처리하는 과정에서 어쩔 수 없이 결과적으로 불법을 행하는 사례도 나타나곤 했다.

지방에서는 지방행정을 처리하기 위해서 각종의 민고民庫를 운영하기도 했다. 서울에서 내려오는 관리들의 식사를 제공하고 접대하기 위해서 '사객청使客廳'이란 민고를 운영한다거나, 농민들이 담당해야 하는 지방 비용을 위해 '보민청補民廳'이란 민고를 운영하기도 했다. 한 고을에서도 이런 민고는 여러 개가 운영되고 있었다. 흉년이 들었을 때 이런 민고의 재원이 바닥이 나면, 비축된 곡식인 환곡을 이들 민고에 옮겨 주기도 했다. 그런데 이들 민고에서 가을이 되면 빌려 간 곡식을 갚아야 하는데, 갚지 못하면 환곡 장부에는 곡물 액수가 있지만 창고에는 빌려 간 곡물이 존재하지 않게 된다. 이에 대한 책임은 창고를 담당한 향리에게 있다. 담당 향리에게 책임을 묻는다고 하지만 이들에게서 부족한 액수를 징수하기가 곤란한 경우가 발생한다. 하지만 중앙에서 파견한 암행어사가 적발했을 경우에는 누군가가 반드시 책임을 져야 하는 경우가 생기게 된다. 향리들의 개인적 이익을 위한 부정행위도 많지만, 지방행정 집행과정에서 부득이하게 발생하는 불법행위도 다수 발견된다. 또한 개인의 이익과 부득이한 불법행위가 동시에 존재하는 경우도 있다.

18세기 전반 남원에서 발생한 사건은 향리 횡령의 다양한 모습을 보이고 있다. 1736년(영조 12) 전라도 남원南原의 지방관은 11월에 환곡의 징수를 준비하기 위해서 창고 조사를 실시했다. 앞서 언급했듯 호조에서 관리하는 환곡은 '반류반분'으로 운영되었다. 봄철에 나누어 준 절반의 환곡을 걷기 전에, 창고에 두었던 절반의 환곡을 조사한 것이다. 창고 조사의 결과로 1천 섬 이상의 곡식이 없는 것으로 드러났고, 이 곡식을 횡령한 사람은 담당 향리인 강처징姜處徵이었다. 한 사람이 이처럼 많은 환곡을 횡령했으므로 크게 문제가 되었다. 남원 현감은 곧바로 감사에게 보고하면서 비변사에서 내린 명령에 의해 목을 베어 높은 곳에 매달아 놓는 형벌을 시행하고 횡령한 액수는 탕감해야 한다고 보고했다. 전라 감사는 즉시 효시梟示해야 하나 자백한다는 진술서를 빨리 받아서 보고하라고 지시했다.

　초기 대응은 남원 현감이나 전라 감사는 강처징의 사형을 주장했지만 점차 누그러져서 죽이는 것이 우선이 아니라 횡령한 곡식을 회수하는 것도 중요하다는 쪽으로 바뀌었다. 먼저 남원 현감은 강처징의 친족 및 남원 사람들이 효시한다는 것에 충격을 받고 각각 곡식을 내어서 횡령한 액수를 채우고 있다는 이유로 먼저 횡령액을 징수하자고 보고했다. 남원 현감은 강처징의 가산을 모두 몰수沒收하고 함양咸陽과 운봉雲峰에 사는 그의 누이들과 친족에게서도 형편에 따라 나누어 마련해서 횡령액을 채워 넣었다.

이런 와중에 강처징의 아내와 순창淳昌에 살던 장모丈母가 함께 도망하는 일이 벌어진다. 강처징의 장모는 옥과玉果에 사는 강처징의 동서同壻 집에 숨었다가 잡혔다. 이들이 남원으로 이송되는 과정에서 강처징의 처남과 동서는 강처징의 장모를 구하기 위해서 동네 사람들을 동원하여 탈취하다가 실패한 사건이 벌어졌다. 모두 체포되었지만 강처징은 이 때문에 신체 부위 가리지 않고 마구 매질을 하는 '난장亂杖'의 형벌로 죽을 지경에 이르게 되었다.

강처징의 최후 진술을 살펴보면 횡령했다는 1천 1백여 섬 가운데 창고에 보관되어 있던 580여 섬은 횡령을 인정했다. 하지만 오래도록 거두지 못했던 환곡의 경우는 인정하지 않았다. 10년 전에는 담당자가 아니었고, 일부는 민간에게 거두지 못했는데 진술하지 못했고 문서를 마감할 때 착각하여 기록했다고 진술했다. 오래 거두지 못한 환곡 580여 섬 가운데 250여 섬만 인정하고 나머지는 인정하지 않았다. 그의 진술 가운데 밝힌 단서가 없지 않지만, 이미 죽을죄를 지어서 누누이 아뢰지 않고 자백한다고 하고 있다. 사건을 조사하는 과정에서 그의 장모를 구하기 위해 나섰던 처남과 동서가 모두 사형에 처할 뻔했던 사건도 있었기에 자포자기의 심정이 들었을 수도 있다.

강처징 사건에서 향리의 횡령이 발생하면 친척들에게 징수하는 족징이 시행되고 있다는 점을 확인할 수 있다. 재산이 있는 친척, 강처징의 경우에는 아내의 남동생인 처남과 여동생의 남편인 동서에게서 50섬을 징수했고, 이 액수로 강처징의 장모를 빼앗으려다 실패한 죄에서 사형을 면하고 있다. 또한 남원 사람들이 죄를 지은 향리의 목을 벤다는 소식에 놀라서 횡령액을 각출했다는 보고의 실상에서는 면임面任들이 농민들에게 억지로 징수한 흔적도 보인다. 지방관은 농민이 자발적으로 횡령액을 형편에 따라 바친다면 금지할 필요는 없지만, 각 동네에서 몇 섬을 징수했다고 보고한 것이 있는 것은 마치 관에서 명령을 내린 것으로 보이니 금지한다고 했다. 향리의 횡령을 족징과 농민들에게서 추가로 징수하여 채워 넣은 것이다. 지방관은 원칙적으로 농민에게 징수하는 것을 금하고 있지만, 더 이상의 조사는 하지 않았다. 일종의 묵인인 것이다.

향리들의 횡령은 자주 발생하고 있었다. 그리고 그 횡령 액수는 채워 넣어야만 했다. 그 과정에서 향리의 친족에게서 징수하는 것은 당연했다. 정약용은 아전들의 횡령은 적발해야 하지만 그것을 징수하는 일은 너무 가혹하게 해서는 안 되며, 법을 집행하는 데는 마땅히 엄준해야 하나 죄수를 염려하는 데는 마땅히 불쌍히 여겨야 한다고 했다. 또한 『목민심서』에서 향리에게서 족징을 할 때는 그 범위를 명확히 할 것을 제안하기도 했다.

조선시대의 향리들은 지방행정에서 부패의 원흉으로 지목되었다. 하지만 지방재원이 부족한 당시의 현실 속에서 향리들은 자구책의 일환으로 부정을 저지르기도 했다. 당시 향리들의 모습을 살필 수 있는 사건이 있었다. 강처징 사건이 일어난 다음 해인 1737년(영조 13) 남원의 향리들은 자신들의 절박한 상황을 호소하면서 직접 비변사에 청원하는 글을 올렸다. 비변사나 국왕에게 의견을 올릴 때는 해당 고을에 보고하고, 해당 고을에서는 감영에 보고하고 감영에서 올려야만 했다. 이런 절차를 알고 있지만 남원 향리들은 곧바로 비변사에 청원했다. 그들의 목적은 전라도 지역의 지방 비용을 보충하기 위해서 새롭게 개간한 토지에서 거두는 잡역雜役의 세금을 기준대로 떼어 달라는 것이었다. 이를 위해서 자신들의 처지를 조금 과장되지만 솔직하게 설명했다.

각 고을의 향리들이 나라에 독을 끼치고 백성을 해치는 폐단이 많다고 인정하면서, 환곡·군포軍布·전세田稅와 대동大同에서의 횡령을 말하였다. 그런 이유에 대한 설명으로 향리들은 모두 의지할 데 없는 불쌍한 사람으로 몸을 가릴 옷도 없고 배를 채울 음식도 없어 굶주림과 추위로 몸이 절박해서 염치를 돌아

볼 수 없다고 했다. 서울과 지방에서 상납하는 비용의 물건과 원근으로 공무를 보러 나가면서 가져가는 양식은 모두 스스로 마련해야 했고, 기타 여러 가지 비용은 지탱하기 어렵다고 설명한다. 그러므로 형세상 어쩔 수 없이 공물에 손을 대고 생민生民에게 해를 끼칠 수밖에 없는 지경에 이르렀다고 했다. 그 폐단을 막으려면 공용公用의 비용을 보조해야 한다고 주장한다.

조선 후기에 조선왕조 세금의 대다수를 이루는 전정田政, 군정軍政, 환곡의 삼정三政의 운영에서 향리들이 횡령을 하고 있는 이유를 향리들에 대한 지원이 부족하다는 것에 찾고 있는 것이다. 향리들의 과장이 있기는 하지만 이들에 대한 지원이 부족한 것도 또한 사실이다. 세금 징수에서 향리의 개인적인 일탈에서 벌어진 횡령은 상당히 많이 존재한다. 또한 지방재정에 대한 배려가 별로 없는 조선 후기의 상황 속에서 지방재정을 마련하는 과정에서 벌어진 경우도 종종 있었다는 점도 기억해야 할 것이다.

『嘉林報草』.

『經國大典』.

『溪巖日錄』.

『穀簿合錄』.

『穀總編攷』.

『畿營狀啓謄錄』.

『南原縣牒報移文成册』.

『盧尙樞日記』.

『農事直說』.

『大典通編』.

『大典會通』.

『東史綱目』.

『萬機要覽』.

『牧民心書』.

『默齋日記』.

『備邊司謄錄』.

『山林經濟』.

『先覺』.

『先祖江華先生日記』.

『星湖僿說』.

『續大典』.

『瑣尾錄』.

『受教輯錄』.

『隨錄』.

『承政院日記』.

『新補受教輯錄』.

『審理錄』.

『輿地圖書』.

『烏山文牒』.

『愚谷日記』.

『栗谷全書』.

『日省錄』.

『臨官政要』.

『典律通補』.

『清臺日記』.

『海東地圖』.

『顯宗改修實錄』, 『英祖實錄』, 『正祖實錄』.

『戶口摠數』.

『국역 각사등록』 70-71(강원도편 5-6), 세종대왕기념사업회 편집부, 세종대왕
　　　기념사업회, 2017.

『국역 노상추일기』 1-4, 정해은 외 옮김, 국사편찬위원회, 2017.

『국역 묵재일기』 1-4, 이성임 외 옮김, 경인문화사, 2019.

『쇄미록』 1-6, 유영봉 외 옮김, 사회평론아카데미, 2019.

『여지도서』 1-50, 변주승 외 옮김, 전주대학교 고전국역총서, 흐름출판사,

2009.

『역주 선조 강화선생일기』, 인천광역시 역사자료관 역사문화연구실, 인천
　　　역사문화총서 28, 2016.

고승희, 「조선후기 함경도의 교제창 운영과 진자공급책의 변화」, 『이화사학
　　　연구』 27, 이화사학연구소, 2000.

권내현, 『노비에서 양반으로, 그 머나먼 여정: 어느 노비 가계 2백 년의 기
　　　록』, 역사비평사, 2014.

문용식, 『조선후기 진정(賑政)과 환곡운영』, 경인문화사, 2001.

_____, 「조선후기 감영 환곡 연구」, 『역사와 담론』 71, 호서사학회, 2014.

_____, 「조선후기 환곡 이자와 추가 징수의 문제」, 『대동문화연구』 92, 성
　　　균관대학교 대동문화연구원, 2015.

송찬섭, 『조선후기 환곡제개혁연구』, 서울대학교출판부, 2002.

송찬식, 「이조시대 환자취모보용고」, 『역사학보』 27, 역사학회, 1965.

양진석, 「18·19세기 환곡에 관한 연구」, 『한국사론』 21, 서울대학교 국사학
　　　과, 1989.

_____, 『17, 18세기 환곡제도의 운영과 기능변화』, 박사학위논문, 서울대학
　　　교, 1999.

오일주, 「조선후기의 재정구조의 변동과 환곡의 부세화」, 『실학사상연구』
　　　3, 무악실학회, 1992.

원재영, 「18세기 지방행정과 수령의 역할: 충청도 예산현의 사례를 중심으
　　　로」, 『한국사연구』 182, 한국사연구회, 2018.

이강원, 「18세기 후반 노상추의 함경도 진동만호 활동과 성과」, 『한국사연
　　　구』 202, 한국사연구회, 2023.

이선희, 「《우곡일기》를 통해 본 17세기 수령의 일상업무」, 『역사민속학』

    18, 한국역사민속학회, 2004.

임성수, 「조선후기 북한산성의 창고와 운영」, 『북한산성논문집』, 경기문화
    재단, 2016.

정형지, 「조선후기 교제창의 설치와 운영: 18세기 나리포창 사례를 중심으
    로」, 『이대사원』 28, 이대사학회, 1995.

_____, 『조선후기 진휼정책 연구: 18세기를 중심으로』, 박사학위논문, 이화
    여자대학교, 1993.

최주희, 「18세기 북한산성 관리체계의 변화와 총융청의 재정운영」, 『한국학
    논총』 61, 국민대학교 한국학연구소, 2024.

국사편찬위원회, 한국사총설DB, https://db.history.go.kr.

한국고전번역원, 한국고전종합DB, https://db.itkc.or.kr.

한국학중앙연구원, 『조선왕조실록사전』, https://dh.aks.ac.kr/sillokwiki.

_____, 『한국민족문화대백과사전』, https://encykorea.aks.ac.kr.